洞察力

弱者が強者に勝つ70の極意

宮本慎也

元東京ヤクルトスワローズ、アテネ五輪・
北京五輪野球日本代表キャプテン

ダイヤモンド社

はじめに

２０１３年限りで現役を引退し、バックネット裏から野球を見る機会が多くなった。「現役時代とは野球の見え方が変わりましたか?」と聞かれることが多いが、野球自体の見え方が変わったというよりは、よく見えるようになったというのが素直な印象だ。

「グラウンドの外から見るのはいい経験になる。勝ち負けが関係ないから冷静に野球を見ることができる」

ヤクルト入団時に監督だった野村克也氏に引退を報告した際に言っていただいた言葉だが、まさにその通りだった。手元には資料が用意されているし、記者席や放送席からはグラウンド全体の動きを見ることができる。試合展開に感情が入るのはヤクルト戦ぐらいのもので、客観的に試合を観察することができるようになった。

一方で、実際にチームという組織を動かす点でいえば、やはり現場に居た方が勉強になる。一つの判断で勝敗が決まるといった状況に身を置かないと、人は覚えないものだからだ。評論で訪れた試合で「この局面は投手を続投させた方が良い」と考えたとする。その判断が裏目に出たとしても責任を負う必要はなく、緊張感は生まれない。

そこには「訓練」と「実戦」の違いがある。射撃訓練で人形を撃つのと、実戦で人間と対するのとでは意味合いが異なる。どれだけ訓練を重ねたとしても、実戦に身を置くことで得られる経験とは異なるのは当たり前だ。何よりも実戦を経験することが成長につながるのは、どこの世界でも同じではないだろうか。

19年間のプロ野球人生も野村監督の言葉から始まった。ＰＬ学園高校、同志社大学、プリンスホテルとアマチュア時代から勝利を義務づけられたチームでプレーしてきたが、プロフェッショナルとして生きる術を教えてくれたのが野村監督だった。

「チームはエースと4番だけでは成り立たない。目立たない脇役でも、適材適所で働けば貴重な存在になる。主役になれない選手は『脇役の一流』を目指せばいい」

初めてのキャンプで言われた際には、身震いしたのを覚えている。

当時は初めて間近で見るプロの打撃練習で、周囲との実力差を痛感していたときでもあった。アマチュアでも4番バッターではなかった私は主役になることはできない。

エースと4番が集まるプロ野球で生き抜くには、「脇役の一流」を目指すしかないと道を示してもらったのだ。

そこで始めたのが自己分析だった。入団当時は守備には自信があったが、打撃は勝負にならなかった。体力もプロレベルとはいえなかった。当時、ヤクルトで遊撃手を務めていたのは強打者の池山隆寛さん（現楽天チーフコーチ）である。レギュラーを確保するためには守備で評価を高めつつ、個人よりチームを優先するチーム打撃を磨くことが近道だと考えた。

守備固めでの出場が多かった1年目は、余裕を持って捕球しても間に合うタイミングのゴロを素早く捕球して投げることがあった。次も試合で使ってもらうためにはベンチに「宮本の守備は違うな」と思われる必要があったからだ。もちろん、素早く捕球して投げればミスをする可能性は高まる。チームという視点からは決して正解ではないが、当時私が置かれていた立場では必要なことだった。

数字で評価される主役とは異なり、脇役の評価はどれだけ首脳陣からの信頼を得られるかで決まる。個人成績は良くなくても、先発で使い続けてくれるのは信頼があるからだ。逆にどれだけ数字を残しても途中で代えられてしまうのは、信頼を得られていないということである。脇役が数字を残しても、チームが勝たなければ意味がないのは組織として当然だろう。

現役時代は2000本安打を達成し、アテネ、北京五輪では日本代表の主将を務めた。

ゴールデングラブ賞を10回受賞、400犠打も達成した（通算2133安打、408犠打）。

「脇役の一流」にはなれたかもしれないが、脇役が主役になることはないと考えている。

もちろん、一つ一つの試合では脇役の選手が決勝打を放って脚光を浴びることもある。

だが、組織の中で脇役が主役になれるかというと、そうではない。主役には主役なりの、脇役には脇役なりの役割というものがあるからだ。

2014年の開幕後、ヤクルトの小川泰弘に電話をする機会があった。新人だった前年に16勝4敗で最多勝に輝いた右腕だが、4月18日の阪神戦（甲子園）で打球を右手のひらに受けて骨折していた。

「右手を出すんじゃなくてグラブを出せよ」

彼にそう話すと、「えっ」と驚いた反応が返ってきた。「『大丈夫か？』という電話だと思っただろう」と言うと「はい」と素直に認める。

だから、こう続けた。

「エースにあんなところで抜けられたら、チームが困る。おまえは事故だと思っているかもしれないけれど、事故ではない。体勢が崩れたのは分かるが、守る意識があればグラブが出たはずだ。とっさに右手が出たのは準備不足じゃないのか？」

小川は開幕投手を任され、首脳陣からもチームメートからもエース候補として期待されていた。主役の序盤での離脱が組織にとって何を意味するのか。高い能力を持っているからこそ、周囲が自身をどう見ているかを考えてほしかったのだ。

自己分析が何よりも重要なのは、一般社会でも同じだろう。どんな人間でも自分がかわいく、実際よりも高く自己評価をしてしまう。それでは自分の役割を正しく理解することはできない。一方で自己評価が謙虚過ぎれば、実際の能力よりも低いところから始めなければならず、力を発揮することはできない。

脇役だった私が長く現役を続けられたのは、相手を知り、自分を知ることに徹したからである。少しでも情報を得ようと、洞察することに努めてきたからともいえる。

本書のタイトルを「洞察力」とした。一般社会でも活用できるテーマを意識して書いたつもりだが、私は野球一筋の人間なので、野球を通してでしか語れない。本書を手に取られた方々が自らの立場や経験に置き換え、何かのヒントを得ていただけたなら、これほどうれしいことはないと思っている。

２０１７年10月

宮本慎也

脇役だった私が
長く現役を続けられたのは、
相手を知り、
自分を知ることに徹したからである。
少しでも情報を得ようと、
洞察することに努めてきたからともいえる。

洞察力　目次

第1章

一流

一流と二流を分けるもの

第2章

プロ

プロフェッショナルの仕事とは

第3章

変化

変化を続けられた者だけが生き残る

第4章

成長

成長する人、しない人の小さな違い

第5章

役割

自分の役割を見つけ、果たす

第6章

指導

結果を出す指導者の言動

第7章

組織

勝つ組織の必然性

第1章

一流

一流と二流を分けるもの

洞察 1 大学で変わった野球観

自分がキャリアを磨いてきた環境を振り返る中で、ターニングポイントとなったのはいつか。私にとっては、同志社大学で過ごした4年間がそれに当たる。

同志社への進学を選んだのは、先輩方のある行動がきっかけだった。

PL学園高校の野球部を終えた当時、進路についてかなり悩んでいた。野球が五輪の正式種目になることが決まっていた。日本代表に選ばれるためには東京の大学でプレーした方が有利ではないかと考えていたからだ。

そんなとき、同志社に進学された片岡篤史さん（現阪神打撃コーチ）たちPL学園の先輩方が、わざわざ高校の寮まで説得に来てくれた。「同志社で一緒にやろう」。私が進路に悩んでいたのを、どこかで聞いていたのだろう。たった一人の後輩のため、足を運んでくださった行動に感動してしまった。先輩方の熱意に応えたい。先輩方と一緒に野球をやりたい。京都で4年間頑張ってプロ野球を目指そうと、同志社への進学を決めたのだった。

そこで私の野球観は大きく変わることになる。

PL学園時代は甲子園優勝やプロを目指すのが当たり前で、全国からレベルの高い選手が集まっていた。私が2年生だった1987年には甲子園を春夏連覇している。その当時の3年生の立浪和義さん、野村弘樹さん、橋本清さんは同年の秋のドラフトでプロに巣立っていった。

ところが、当時の同志社は推薦入試制度が厳しかった関係もあり、部員も私が4年時に全学年で27人しかいなかった。当然のことだが、受験勉強をして入学した部員や、1浪、2浪を経て入学して入部してくる部員もいた。

もちろん、中にはお世辞にも野球がうまいとはいえない部員もいた。そんな部員が4年間で1打席でもいいから打席に立ちたい、1球でもいいから試合で投げたいと、努力を重ねる姿は衝撃的だった。頑張っても試合に出られないかもしれない中、1打席のために毎日練習している。こんなにひたむきな野球があることを、大学に入って初めて目の当たりにした。一生懸命練習することの美しさや相手に対する思いやりといった、野球の技術以外にも大事なことを教わった。

今でも忘れられないエラーがある。4年生最後の試合は私のトンネルで終わった。一、三塁でバックホームの場面だったのだが、焦っていたこともあって、打球のバウンドに合わせることができなかった。あっという間にボールがグラブの下を抜けていき、試合が終わった。

私は社会人野球に進むことが決まっていたが、大学で野球を引退する部員が大勢いた。

勝っていれば、次の試合に4年生の部員は優先的に出場することができた。私が最後の出場機会を奪ってしまったわけだ。エラーの感覚は今でも残っている。

在学中に行われた1992年のバルセロナ五輪への出場はかなわなかった。だが、後にプロの参加が認められたことで2004年のアテネ五輪で16年越しの願いを果たすことができた。遠回りにはなってしまったが、全選手プロで構成された代表で日の丸を背負うことができたのも、同志社で過ごした日々があればこそだと思う。

大学時代のチームメートとは今でも連絡を取り合っている。京都に帰るときには、同期が働く会社からレンタカーを借りている。2000本安打達成のパーティでは同期全員が顔をそろえてくれた。大学の4年間は、かけがえのない財産になった。

洞察❷

一流は普段の生活から一流

高校時代を過ごしたPL学園では、人が嫌がることにも率先して取り組む重要性を教えられた。基本にあるのは人間としての成長が野球にも必要な目配り、気配りに通じるという考え方だった。目配り、気配りという点でこの人には勝てないと驚かされたのが、中日で活躍した立浪和義さんだった。

例えば、爪切りを渡すときにも目配り、気配りがある。監督に「おい、ちょっと爪切りを貸してくれ」と言われると、相手に刃先が向かないように手渡す。ここまでならできる人もいると思うが、立浪さんの場合はすぐに使えるよう、あらかじめ爪切りを開いて渡していた。

あるいは、他校の監督さんが練習を見学に来たときである。「(風呂場に)バスタオルを用意しておいてくれ」と言われた立浪さんは洗面器にシャンプー、リンス、洗顔料を入れて、体を洗うタオル、バスタオルと一緒に並べて置いていた。風呂場には部員用のシャンプー、リンスが常備してあるにもかかわらずである。これには見学に来た監督がいたく感動したという。

これを16歳、17歳の高校生が平然とやる。そこに立浪さんのすごさがあると思う。普通の高校生は立浪さんが何をやっているのかにも気付かなかった。監督に指摘されて初めてすごいことなのだと思ったのである。

スコアブックを渡すときには、使うページを開いて渡す。玄関にスリッパを並べるときは、段差のぎりぎりにそろえてしまうと履きにくいので、少しだけ前に間を開けて並べていた。

野球でも局面が見えていた。周囲を見渡せる余裕があるから、一手先を読むことができる。プレーでの大胆さや繊細さにもつながる。私の身長は176センチメートル。プロ野球選手の中では小さい方だったが、立浪さんは173センチメートルと私よりも小柄だった。それでもあれだけの活躍をされたのには、理由があるのだ。

この人は天才だと感じたエピソードがある。立浪さんは引退するまで打席で誰のボールを見ても速いと思ったことがないのだという。中日に入団した1年目に「プロのピッチャーってどうですか?」と聞いたことがあるのだが、「(PL学園の先輩の)桑田真澄さんくらいかな」と答えていた。高卒新人が春季キャンプを一軍で完走するだけでも大変なのに、素質を見込まれて開幕戦で先発した。この年には新人王も受賞している。

最初から成績を残せる人はプロのレベルのボールを見ても、慌てることがないという共通点がある。間が長くとれる打撃フォームが身に付いているから、レベルの変化にも動じないのだろう。清原和博さんも「まあ、別に」と答えたというし、巨人の高橋由伸監督に現役時代に「正直どうだった?」と聞いたときにも「何とかなると思いました」と答えが返ってきた。私の場合は24歳でプロ入りしたが、「やばい。3割ってどうやって打つんだ」と頭を抱えたものだった。

立浪さんは早熟の天才でありながら、40歳まで現役生活を続けた。年齢とともにスピードや体力の衰えは避けられないものだが、優れた洞察力に基づいたプレーをしてきたからだろう。

立浪さんの気遣いは今も続いている。

一緒にゴルフを回らせてもらうと、誰かがバンカーに入れると先にトンボを持って待っている。キャディがいない海外のゴルフ場では、他の人のボールがグリーンにのったときにはすぐにマークをして、汚れたボールを拭いていたこともあった。

一流の人は普段の生活から一流なのである。

洞察3 一流に通じる言語感覚

言うまでもないことだが、プロ野球には各地でエースで4番だった選手が集まる。

その中でも一流と呼ばれる選手になる人は数えるほどだ。そうなれない選手との間には歴然とした違いがあるのだということを、時に痛感させられる。

オリックスの中島裕之は、打撃に関しては天才だ。いつだったかは忘れたが、一緒に食事をしたときに「(変化球が来て) あっと思ってふっと (力を) 抜いたら、ライト前に落ちるんですよ」と話したことがあった。体勢を崩されたとしても、瞬時に対応することができると言うのだ。思わず「そんなの分かるのか?」と首をひねってしまった。

面白いのが、打撃コーチから指導を受けるときも「右腕を内側から出すように」と理論的に指導されるよりも、「バン」「ドン」「シュッ」と擬音語で言われた方が分かりやすいと話していたことだ。これは西武の先輩に当たる松井稼頭央（現楽天）も同じだったという。凡人の私は「それは、おまえらだけの世界。おまえら、おかしいだろ」と苦笑いするしかなかった。

中島との出会いは2004年だった。当時、彼が在籍していた西武と中日の日本シリーズでゲスト解説を頼まれ、所沢を訪れたときのことだった。西武OBの大塚光二さんから「今晩、空いてるか？　中島と飯に行くんだけど、いろいろと話してやってくれよ」と誘われたのがきっかけだった。

当時の中島選手は入団4年目だった。無名校の伊丹北高校では投手だったが、プロでは打撃を評価されショートに転向していた。前年オフに大リーグに移籍した松井の後釜として、定位置をつかんだばかりだった。

彼の魅力は、人を引き付ける明るさと純粋さだ。デッドボールを当てられたときは、すぐカッとなるような子供っぽさも残っていて、つい応援したくなってしまう。私もショートを守っていたので、よく話を聞きに来ていた。オープン戦や交流戦の試合前の練習中には「ちょっと、ノックを見ていてください。あかんかったら、言ってくださいね」と人懐っこく言ってくる。野球が本当に好きで、少しでもうまくなりたいという思いが全身からあふれている。

２０１２年オフに海外フリーエージェント（ＦＡ）となり海を渡ったが、大リーグでは思うような結果を残すことができなかった。

私は内心、これまで苦戦が目立っていた日本人の内野手で一番成功するのではないかと思っていた。西武時代には、オフに一人でウインターリーグを見にベネズエラに遊びに行っていたという。海外への順応性と明るさという部分で大リーグ向きだと思っていたからだ。付帯条件が多い契約に縛られて、出場機会が少なかったのは残念だった。

２０１４年オフに日本復帰を決めた。複数球団からオファーを受けたが、オリックス移籍が決まったときには、新聞に記事が出る前日に中島から電話がかかってきた。

それまでの報道では阪神が有力とされていたので「阪神の中島さんですか？」と電話に出ると、「オリックスの中島です」という声が電話口から聞こえてきた。「オリックス？（報道で名前が）出てなかったやん」と言うと「だから、決めました」と話していた。

出身県に本拠地のあるチームに身を置き、もう一度パ・リーグで勝負したいという思いがあったのだろう。

天才的な打撃はさびていない。独特の感性に支えられた打撃を見せ続けてほしい。

洞察4 古田敦也さんの思考回路

プロ野球界で一番、頭が良いと感じた選手は誰か？

そう聞かれたとするなら、一緒にプレーをした中では古田敦也さんの名前を挙げる。

プロに入って2年目。米国のアリゾナ州ユマで行われた春季キャンプ中のことだった。野手全員で盗塁の練習をする機会があった。捕手の送球練習も兼ねており、投手も盗塁を仕掛けてくることが分かっているから、素早いクイックモーションで投げる。当然、投手が投げ始めてからスタートを切っても、二塁でアウトになってしまう。何度もアウトになっていると、古田さんにこう言われた。

「おまえ、真面目やなあ。投げる前に走ったらええやん。盗塁って、別にピッチャーが投げる前に走ったってええやろ」

何気ない一言だったが、当時の私は衝撃を受けた。

プロ入り間もない私は、自分で言うのも気恥ずかしいが、生真面目な部分があった。練習なのだから、投手が動き始めてからスタートを切らなければいけないと思い込んでしまっていたのである。

古田さんの考え方は違った。真面目にスタートをしても良い結果が出ないのなら、投手が動き始める前にスタートをしてみればいい。もちろん、けん制でアウトになって首脳陣に叱られるリスクだってある。

だが、勝負を懸けて選択したのなら、たとえ失敗をしても仕方がない。セオリー通りにプレーすることが、常に正解とは限らない。「遊び心」の大切さに気付かせてもらった一言だった。

現役時代の古田さんのプレーは、遊び心にあふれていた。

打席で内角にボールが来るとヤマを張ったら、左足を大きく開いて打ちにいったこともあった。

左脇を開けたキャッチングも、常識とは真逆の発想だった。ワンバウンドの投球は体ごと止めにいくのがセオリーだが、逆シングルで捕って送球することもあった。もし後逸すれば基本に反していると責められかねないプレーだが、リスクを背負っても素早い送球を追究した。球界の常識を疑ってかかるような探求心には、驚かされることが多かった。

古田さんがよく口にしていたのが「最後は命を取られるわけじゃない」という言葉だった。肝が据わっていると感じることが多かった。

一般には知的で冷静なイメージが強いと思うが、勝利に対する執念はものすごかった。一度、若い選手がフェンスにぶつかるのを怖がって、ファウルフライを捕れなかったことがあった。直後にマウンドに集まったときには「何を怖がっているんだ。100年早いんじゃ。ぶつかってでも食らいつけ」と怒鳴っていた。

これから定位置を狙う選手に故障を怖がる余裕はないというのは、その通りだった。

古田さん自身、骨折をしても休まない人だった。左膝の靭帯を断裂する大ケガを負ったときでさえも、痛み止めを飲んで試合に出続けていた。

川西明峰高校時代は夕方5時になると練習をやめてグラウンドから出て行かないといけなかったという。立命館大学でもレギュラーで出ていたのは5シーズンだけである。

野球エリートのイメージが強いが、実際に近くで接するとたたき上げの人という印象が勝る。

新しいものにも好奇心旺盛で、引退後はトライアスロンに挑戦している。

ご一緒したときに「現役のときは3キロ走で文句を言っていたじゃないですか」と言うと「おまえもやらへん?」と返ってきた。そんなときは「もう十分走ったので、僕はやりません」と答えるようにしている。

勝負を懸けて選択したのなら、
たとえ失敗をしても仕方がない。
セオリー通りにプレーすることが、
常に正解とは限らない。

洞察5

臆病であることが成果につながる

野球に限らず、スポーツのパフォーマンスにメンタル面が与える影響は大きい。もっといえば、生来の気性が選手としての成長を左右することがある。

ヤクルトの山田哲人は臆病な性格が功を奏した例といえる。

履正社高校からプロ入りして1年目の２０１１年だった。山田は一軍での試合出場がないにもかかわらず、中日とのクライマックスシリーズファイナルステージ第２戦から先発出場した。高卒新人野手の先発出場は初めてだったというが、山田は短期決戦の舞台に臆することなく、３試合に出場してタイムリーヒットまで打った。

その年のオフから愛媛県松山市の権現温泉での合同自主トレに連れていくことになった。当然、山田の素質を見込んでのものだったが、これは化けるかもしれないと感じさせた理由は、彼の性格が「ビビり」ということだった。

翌２０１２年シーズンは26試合、２０１３年シーズンは94試合に出場したが、決して精神的に強い選手とは言えなかった。結果が出ない時期や打撃の調子が悪いときには、全体のプレーが小さくなってしまう。打撃で結果が出ないと守備でも積極性を欠く。

若い頃は実績が何もないから仕方がない面があるが、一度駄目な方向に進むと今度は失敗を恐れてしまい、結果として悪循環にはまっていった。

例えば4打数無安打に終わった試合後には、ロッカーや移動のバスの中でも落ち込んでいるのがはっきりと見て取れた。普段はあっけらかんとして明るいタイプなのだが、必要以上に結果を考え込んでしまう。落ち込む様子を目の当たりにして「意外とビビりな性格なのだな」と思ったものだった。

山田にとっては、この性格がかえって良い方向に働いた。

プロ野球選手には繊細な感性が必要な場面が多いからだ。

山田には困難に直面したときに「もう少し慎重にやってみよう」「丁寧にやってみよう」と考えられる意識がある。開き直ると言えば聞こえはいいが、「もういいや、どうにでもなれ」と諦めてしまい、適当にプレーするということがなかった。もちろん最近の若者らしく、成果が出て自信が付いたときには思い切ってプレーすることができる。

どんな仕事であれ、こうした臆病な性格の要素を持った人材の方が注意を払って事前の準備や事後のチェックをすることができるだろう。臆病であることは、考え続けられるということでもある。技術を磨く上では「ビビり」な性格は必要な要素だと思っている。

山田に関しても自らの技量を高め、これから経験するだろう優勝争いでチームに貢献していくには、この繊細さと大胆さが大きなポイントになると思っていた。

開花を迎えたのは２０１４年のシーズンだった。セカンドの定位置を確保し、打率３割２分４厘、29本塁打、15盗塁の好成績を残した。１９３安打は日本人右打者のシーズン記録だった。

２０１５年には、前年の活躍が偶然でなかったことをバットで示した。春先には相手投手からのマークも厳しくなり苦しんだが、自分を見詰め直す時間に変えることができた。苦しい時期に考えてバットを振り込んだことで、しっかりとした技術が身に付いたのだろう。結果的に打率３割２分９厘、38本塁打、34盗塁といずれも前年を上回り、史上９人目のトリプルスリー（打率３割、30本塁打、30盗塁のすべてを上回ること）を達成した。チームを優勝に導き、セ・リーグＭＶＰを受賞した。２０１６年には史上初の２年連続トリプルスリーを達成している。

仕事をしていく上で臆病であることは必ずしもマイナスではない。
繊細であり続けることが大胆さにつながる。
一流と呼ばれる選手には繊細さと大胆さのバランスの取り方がうまい選手が多い。

洞察6 勝負強さの原点とは

プロ野球には「勝負強い」と表現される選手がいる。実際に得点圏（二、三塁）にランナーを置いているときや、試合の勝敗を決める場面で好成績を残す選手がいるのは事実だ。最近でいえば、阪神の福留孝介が代表例だろうか。

私が見てきた印象では、勝負強いとされる打者は、腹が据わっていると感じさせる選手が多い。

投手は速いボールと遅いボールの球速の緩急、内角と外角、高低のコースを投げ分けて、打者のタイミングをずらそうとしてくる。これら全てのボールに対応して打ち返そうとするのは、不可能に近い。ましてや試合の勝敗を決める場面では、守る側も最大限の注意を払って抑えようとしてくる。

打者側としては、より球種やコースを予測して対応する必要がある。0点か100点か。50点を狙って成果を出せるような、生易しい局面ではない。リスクを背負っても気持ちを乱すことなく、浮かんでは消える迷いを断ち切らないことには好成績は残せない。

「この場面でストレートが来たら、打てなくてもしょうがない。その代わり、スライダーが来たら絶対にヒットを打ってやろう」

打席の中でこれぐらい思い切った割り切りができるかどうかが、勝負強さの原点になっていく。

福留は若い頃から、この割り切りに長けていた。試合終盤のツーアウト満塁、フルカウントからでも、ど真ん中の真っすぐを見逃すことがあった。スライダーを狙っていましたと言わんばかりの表情でベンチに戻っていく。

守っている側からすれば、これほど怖いと感じることはなかった。

次回、同じような場面で読みが当たったらどうなるのだろうと想像すると、背筋が寒くなったものだ。

もちろん、経験を重ねることで、チャンスに力を発揮できるようになるケースもあるだろう。経験を積むことで技術が上がり、配球を読む力や、駆け引きの引き出しも増えていく。福留は米大リーグの厳しい環境でもまれ、日本に復帰してベテランの域に入ってから、ますます磨きがかかってきた。

私自身も現役時代の終盤は「宮本に回せば何とかしてくれる」と言ってもらったことがあった。若い頃にはなかったことで、経験を積むことで割り切ることができるようになっていったからだと思う。

得点圏打率が注目されることもあるが、得点圏打率だけでは勝負強さの本質は測れない。

10対0と試合が決まってからの打点と勝敗を決める場面での打点では、全く価値が違うからだ。勝敗を決める場面で成果を積み重ねることで、ベンチからの信頼度も高まっていく。チーム内における勝負強さは、印象に左右される部分もあるからだ。

一緒にプレーした中で勝負強さを感じる選手といえば、ヤクルトでチームメートだった古田敦也さんだった。配球を予測するという部分では群を抜いていた。

広島の前田智徳（現評論家）も打撃技術が高く、手痛い一打を浴びることが多かった印象がある。

外国人選手でいえばヤクルト、巨人、ソフトバンクなどで活躍したロベルト・ペタジーニだろう。真っすぐを少し遅れ気味のポイントで逆方向の左中間に打つことができ、彼も打撃技術が際立っていた。

好機に成果を残す大前提として、技術は必須である。

その上で持っている技術を重圧がかかる場面でも発揮するには、勇気と経験による割り切りが必要になる。

どんな好打者でも7割は失敗する。

だが、失敗を恐れて振ったバットが、好結果をもたらすことはあり得ない。

洞察7 「オフは仕事を忘れろ」のウソ

「仕事はオンとオフの切り替えが大事」

「オフは仕事を忘れた方が生産性が上がる」

こんな言葉を聞くと、本当にそうなのかな、と首をかしげてしまう。

プロ野球選手にとってのオフシーズンとは、契約期間外の12月1日から1月31日までを指す。この期間は監督、コーチから指導を受けることは禁止されているため、自分でトレーニングをしなければいけない。全国各地や、最近では海外で自主トレをする選手も増えてきた。

ヤクルトに入団した1995年当時は、今ほどオフシーズンの練習は盛んではなかった。1月にも体を動かしていたが、本格的にトレーニングをするのは2月1日に始まるキャンプから。オフは体を休めることが一番とされていたからだ。

PL学園高校の頃から自分でトレーニングをすることを教わっていたので、こうした球界の風習はチャンスだと思っていた。「(他の選手は)もっと休め、もっと休め」と思いながら、球団寮の室内練習場で打撃練習に取り組んでいた。そんな時期に他に室内で練習していたのは、同期入団の稲葉篤紀くらいだったと思う。

今だから書けることだが、こんな出来事があった。

チームの先輩で、ショートのレギュラーだった池山隆寛さん（現楽天チーフコーチ）に「忘年会だから、おまえもちょっと来い」と誘っていただいた日のことだった。

会場に着いたが、その日にメニューとして組んでいたウエートトレーニングが済んでいなかったので、食事中も時計が気になって仕方がなかった。

夜の11時を回った頃だ。池山さんに「すいません。明日早いので、先に帰ってもいいですか?」とお願いをして慌てて球団寮に帰り、やり残していたトレーニングを終えることができた。池山さんにウソをついたわけではないのだが、その日のウエートトレーニングで軽いぎっくり腰になってしまったことも、今では笑い話だ。

練習や試合中はもちろんだが、試合後の食事の席でも野球談義が尽きないことは多い。オフに他のことをしていても、どこか野球に生かせることはないかと仕事に結び付けてしまう。自分の腕一本で食べていく職種では、そういった意識で暮らしているのではないだろうか。


他の人が休んでいる間にどれだけ準備をできるかが結果を分けることがあるのは、一般社会でも同じだろう。周囲に負けないほどの労力をかけても満足のいく結果が得られないならば、他の人が仕事を忘れている時間にも努力して差を埋めようとするはずだ。

もちろん、努力が報われるとは限らない。

シーズンが終わってからの3カ月間にどれだけ計画的にトレーニングをしたとしても、翌シーズンで良い成績を残せる保証はない。

ただ、やらなければ絶対に良い結果は出ない。

この3カ月間が、レギュラーを狙う選手にとっては、レギュラーとの差を縮めるチャンスである。レギュラーにとっては、他の選手を突き放す、あるいは一流選手になるチャンスになる。

毎日の結果に追われるシーズン中も大変に思われるかもしれないが、個人的にはオフシーズンの方がつらかった。

例えば「次のシーズンは長打を増やしたい」と希望に満ちてトレーニングをするわけだが、そのためには技術面に加えて体力強化も行わなければならない。

年齢を重ねれば体力は落ちる一方なので、トレーニングはより厳しいものになる。

このオフの期間を億劫と感じるようになったことが、引退を決める理由の一つになった。

努力が報われるとは限らない。
ただ、やらなければ
絶対に良い結果は出ない。

洞察8 最年長選手の原動力

サッカーの三浦知良選手が自身が持つJリーグ最年長出場記録を更新し続けている。三浦選手は1967年2月生まれで、私より4学年上に当たる。プロリーグで現在プレーしている現役選手では世界最年長なのだという。

巨人などで活躍された張本勲さんがコメンテーターを務めるテレビ番組で「もうお辞めなさい。若い選手に席を譲ってやらないと」と引退を勧めて話題になったことがあった。野球とサッカーとで競技は違うが、何より驚かされるのは三浦選手の気力が持続する点だ。

私も43歳を迎えるシーズンまで現役を続けたが、最後は気力が持たなかった。

特につらいのがオフシーズンである。自主トレ期間には翌シーズンへの希望を持って「この部分を鍛えてみよう」と前向きに練習していたのが、現役最後の1、2年は「練習しなければいけない」という義務感に変わっていった。

どれだけ練習をしても、必ずしも良い結果につながるとは限らない。だが、練習をしなければ、確実に良い結果は出ないのである。

もちろん、年齢とともに体力が衰えるという面もあるが、練習がつらく感じられるようになって引退を決めるという選手も多いのではないだろうか。ところが、三浦選手の場合は19歳でプロになって30年以上過ぎても「もっとうまくなりたい」「まだ、プロでやりたい」という気力を維持している。そのこと自体が驚くべきことなのである。

野球界でも50歳を過ぎてプレーした選手がいた。元中日の山本昌さんである。2015年10月7日の広島戦に50歳57日で先発登板し、最年長記録を樹立した。自らが前年に記録した最年長勝利の更新はならなかったが、しばらく記録が抜かれることはないだろう。

プロ1年目の1995年4月11日の中日戦（神宮）で代打として初出場したときに、マウンドに立っていたのが山本昌さんだった。当時すでに最多勝を2度獲得していた球界を代表する左腕で、結果は四球だった。

あれから20年間現役を続けたのだから、信じられないことだ。

山本昌さんの場合、40歳を越えてから球速が上がったほどで全盛期のストレートは132、3キロ程度だった。当然、プロ野球では圧倒的に抑えられる球速ではない。ところが、打てると思ってバットを振ったのに「あれ？」という感覚のうちにショートゴロ、セカンドゴロに打ち取られることが多かった。山本昌さんと対戦するときには注意事項が多かった。低めのボールに手を出してはいけない。打者に有利なバッティングカウントのときほど、打者の打ち気を利用して際どいボールで誘ってくる。本当に手ごわい投手だった。

ともにミズノと野球用具のアドバイザリー契約を結んでいたので、オフシーズンには山本昌さんとはメーカーのスタッフ会議でよく話をさせていただいた。会話には必ずオチをつけようとする方なので、話していて面白い。

一度、「宮本、これを見てくれ、買ったんだよ」と購入したランボルギーニの写真を見せてくれたことがあった。とにかく趣味が多い方なので「先輩、クワガタに、ラジコンに、スーパーカーですか?」と言うと「俺、子供なんだ。でっかい子供だろ」と笑っていた。

気力を維持することは特別な才能の一つと感じている。若々しい気力を保ちながら、子供ほど年の離れた選手とともに汗をかき、息の長い現役生活を続けた。これはもう、「あっぱれ」としか言いようがない。

洞察 9
個人的関係で仕事が左右されない

最近のプロ野球は乱闘が少なくなったといわれる。

乱闘という行為の善し悪しは別にして、緊張感のある真剣勝負がプロ野球の魅力の一つでもある。「乱闘が少なくなって寂しい」というファンの心情は理解できる。

乱闘が少なくなった理由の一つに、ワールド・ベースボール・クラシック(WBC)などで各チームの選手が日本代表として戦う機会が増えた影響があるのだろう。大会前から合宿をして一緒に寝泊まりをし、1カ月近くを団体行動で過ごす。日の丸を背負って戦う独特の緊張感の中では仲間意識が芽生えるし、他チームの選手と交流を深めていくのは自然なことといえる。

とはいえ、日本代表を離れて所属チームに戻れば、今度は敵として戦わなければいけない。ピッチャーとバッターなら、直接対戦することになる。もちろん、個人的に親しくなったからといってピッチャーがインコースを厳しく突けなくなったりしてはプロとしては失格だ。だが、プロ野球選手といっても人間である。優しい性格のピッチャーなら、インコースを狙ってコントロールが乱れることはあり得ると思っている。

だから、若い野手にはこう言うことにしていた。「他のチームのピッチャーに食事に誘われたら、積極的に行った方がいいぞ」。もしかしたら、今後の対戦の中でインコースを投げづらくなるかもしれない。プラスに働く可能性があるのだとしたら、利用しない手はない。勝負に対してはそれぐらいの執念を持ってほしいからだ。

逆に若い投手にはこうも言っていた。「他のチームのバッターとは、なるべく食事に行くなよ」。逆もまたしかりで、ピッチャーの性格次第では他チームの選手と交流を深めることで厳しいボールを投げることができなくなってしまうかもしれないからだ。

もちろん、いくら親しくなっても勝負に徹することができるのが本当のプロの姿である。

そして、個人の関係性が仕事の成果を左右しては一流と呼ぶことはできない。

その意味で言えば、印象に残っているのは二人の投手だ。

一人目は松坂大輔（現ソフトバンク）である。松坂とは2004年のアテネ五輪、2006年の第1回WBCでチームメートだった。良い投手だと改めて痛感させられたのは、アテネ五輪の翌年5月25日の交流戦（神宮）だった。当時西武だった松坂が先発したのだが、3打席目に左腕に死球を受けた。

いくら親しくなっても、インコースを厳しく攻めるのはプロとして当然である。松坂はその上を行っていた。マウンドに視線を送ると「しまった」といった類いの表情は見せず、「当ててしまったか」といった涼しい顔を浮かべていた。戦う上でのしたたかさと図太さは、敵ながら気持ち良いほどだった。

もう一人印象に残っているのは米大リーグ、カブスの上原浩治だ。上原とはアテネ五輪、第1回WBC、2008年の北京五輪でチームメートだった。何度か食事にも行った仲だが、巨人時代の対戦で驚かされたことがあった。

ある試合でスクイズのサインが出た。バントの構えをするのが少しだけ早くなってしまったのだが、スクイズをしてくると気付いた上原が頭を目がけて投げてきたのである。

何とかバットに当ててファウルにしたのだが、もし頭に当たっていたらとひやりとした瞬間だった。

後日、上原に「万が一のことがあったら、子供たちの面倒を見てもらうからな」と冗談で言うと「大丈夫ですよ。フォークだから」と返してきた。ストレートよりも球速が遅いフォークボールならよけやすいし、頭に当たっても大丈夫だというのである。勝負への執念は際立っていた。大リーグでの活躍も納得である。

洞察⑩ 超一流のイチロー流

あまり軽々しく使いたくない言葉ではあるが、大リーグで活躍を続けるマーリンズのイチローは間違いなく超一流に分類される選手だろう。

２０１６年8月に達成した大リーグ通算３０００安打は殿堂入りの目安とされ、過去に29人しか到達していない記録である。３０００本というヒットを積み重ね、好成績を残し続けている。純粋にすごいの一言に尽きる。何よりも40歳という年齢を超えてもあれだけ速く走れるということに驚かされる。

初めてイチローのバッティングを見たときの衝撃は今でも覚えている。私がヤクルトに入団した１９９５年か96年頃だったと覚えている。オリックスとのオープン戦でグリーンスタジアム神戸（現ほっともっとフィールド神戸）を訪れたとき、イチローのフリー打撃に目を奪われた。

ひとたびスイングをすれば、全てがホームランになるのである。ライトに飛ばせば、上段へ。外角の球が来れば、バックスクリーンへ。悠々とスタンドまで運んでいた。どうして試合ではヒットを狙っているのだろうと本気で首をかしげたくなるほど、圧巻の内容だった。

ボールを打ちに行く際、投手側に上半身が突っ込まず、体の軸を維持することを野球用語で「壁を作る」という。イチローは状態が良いときは壁が絶対に崩れないから、どんな球にも対応することができる。もちろん、次に来る球種を予想しているのだろうが、真っすぐに合わせていても、変化球に対応することができる。野村克也監督はバッターを4つのタイプに分類するが、打者の理想型とする「A型」（直球に重点を置きながら、変化球にも対応するタイプ）の典型といえるだろう。

イチローが超一流と呼ばれる理由は、打者の理想型がどのレベルでも変わらないということにある。日本で首位打者7回、打点王1回、盗塁王1回、最多安打5回、最高出塁率5回の実績を残し、海を渡ってからもプレースタイルが変わらなかった。

大リーグでも真っすぐに合わせながら、変化球を打ちにいくこともできる。崩れない壁、スイングの軌道と何から何まで非の打ちどころがない。

２００６年の第1回ワールド・ベースボール・クラシック（ＷＢＣ）ではチームメートになったが、彼は決して自分のペースを崩すことがなかった。時には、ミーティングよりもストレッチやマシン打撃を優先することもあった。

チームの中で自分のペースを守ろうとすれば、結果を残さなければ周囲からたたかれるのは分かっている。

それでも自分のペースを貫き、結果で答えを出し続けるところがイチローのすごさといえる。

日米通算でピート・ローズ氏の最多記録４２５６安打を突破した際には、日本の記録を加算するべきか、米国で賛否両論があったという。ローズ氏は日米通算を認めない姿勢を貫いて話題になった。イチロー自身も「正直ちょっとうれしかった」と語ったそうだが、それだけローズ氏がイチローを認め、意識しているということだろう。

野茂英雄さんの場合もそうだが、何よりも米国で偉大な選手として認められているということが功績を物語っている。

どれだけ環境が変わっても、自らの信念を貫き続けることができる。一流と呼ばれる人物に共通している点の一つといえるだろう。

洞察⑪

「上手」だけでは一流ではない

一流と呼ばれる選手には、それだけの責任がある。子供たちは憧れの目で見ているし、周囲の見方が厳しくなるのも当然だ。一流は常に見られているのである。

2016年のシーズン開幕直後だった。評論家を務める日刊スポーツの評論でヤクルトの山田哲人の守備に注文を付けたことがあった。4月13日の巨人戦（神宮）だった。0対8で敗れた結果以上に、試合に臨む姿勢に問題があるように感じたからだ。

四回一死一塁。巨人の立岡宗一郎が放ったゴロは、セカンド正面に転がった。一塁走者は投手の菅野智之で併殺崩しを狙うようなスライディングもない。ところが、一塁はセーフになった。いくら打者走者の立岡は足が速いとはいえ、山田があと1歩でも前に出てゴロを処理していれば、併殺になっていたプレーだった。

この日の山田は、守備中に集中力を欠いているように見えた。野手が守りの姿勢に入るタイミングは、投手がセットポジションに入ったときに始まっている。ところが、投手が投球動作に入るまで、両手を両膝に置いたままだった。動きも重く、同じ二遊間を守っていたOBとして恥ずかしいと感じた。

ここまで厳しく指摘したのは、彼が日本を代表する選手に成長したからだ。野球教室で知っている選手の名前を聞けば、山田の名前が挙がる。球場を訪れる小学生の多くは、山田のプレーを見に来ている。それが両手を両膝に置いたままでは、野球少年の模範となることはできない。見られているという意識を、もっと持ってほしかった。

もちろん、まだ若く、全てを完璧にこなすのは難しいだろう。それでも、チームの主力になれば、コメント一つでも影響力は大きくなる。開幕前までは「チームのために」と話していたのに、自分の打撃の調子が悪くなると「1日1安打を目標に」と個人の目標を掲げるようになってしまうようなところがあった。

山田に限らず、チームの中心選手の言動には常に自覚が求められる。球界を代表する選手たちが、試合中にガムを噛んだり、唾を吐いたりするようでは寂しい。

内野の守備といえば、最近ではソフトバンクの今宮健太の名前が挙がることが多い。守備のベストナインを表彰する三井ゴールデン・グラブ賞を今宮はパ・リーグの遊撃手部門で何度も受賞している。守備のセンスという部分では球界でトップクラスのものを持っている。それだけに、もったいないと感じてしまうことがある。

今宮の場合はエラーをした際、打球を大きくはじいて進塁を許してしまうことがある。打球のバウンドに合っていなくても、全力で捕りにいってボールと衝突してしまうからだ。打撃も課題といえる。レギュラーになってからは、シーズン打率は2017年の2割6分

4厘が最高だ。

私は現役時代、古田敦也さんから「なんぼ守備がうまくても、多少打たないと名手とは言われない」と言われたことがある。史上最年少となる25歳11カ月で通算250犠打を達成したが、バントのサインが減るぐらいバッティングも向上してほしい。

注意して見なければ気付かないような細かなしぐさにこそ、人の本質が表れる。本質は細部に宿るのは、プロ野球でも同じだ。

第2章

プロ

プロフェッショナルの仕事とは

洞察⑫

「体験」と「経験」の差が結果を左右する

経験の差が結果を左右することがある。

19年間のプロ野球選手としての生活の中で忘れられないのが、2011年のシーズンだ。ヤクルトはリーグ優勝目前まで迫ったが、最大10ゲーム差をつけていた中日にシーズン終盤で逆転を許して優勝を逃した。9月、10月の直接対決で1勝8敗と大きく負け越したのが響いた。

毎年のように優勝争いを続けていた当時の中日と、優勝経験者は私だけになっていた当時のヤクルトでは何が違ったのか。一番は選手個々の腹の据え方だったと考えている。

優勝経験がある中日の選手たちは、自分たちがやるべきことを明確に理解していた。優勝するために必要なことが、経験で分かっていたと言うべきだろうか。

結果を先に考えるより、今すべき自分の仕事に集中することができていた。

だから、緊張状態でも普段通りのプレーができた。

一方で初めての緊張感の中、ヤクルトの選手たちは先に結果を考えてしまっていたように感じる。この好機で打たなければチームが負ける。今日負けると何ゲーム差に迫られてしまう。先に結果を気にしては浮足立ち、普段なら犯さないようなミスを繰り返してしまった。結果を先に考え、無用な重圧を自分自身にかけてしまっていたのである。

故障者が続出したのも、経験のなさが原因だった。必要以上に気が張っているから、痛みを感じても無理を続けてしまう。プレーを続けられる範囲で止めることができない。実際、2001年以来、優勝から遠ざかっていた私自身も肺炎に見舞われたりした。

シーズン終了後、ヤクルトの選手の多くは「優勝争いを経験できた」と口にしたが、これには強い違和感を覚えた。

私に言わせれば、2011年は優勝争いを「体験」しただけである。「経験」と「体験」は似た言葉ではあるが、大きく異なる。成功した時に初めて、あの選択をしたから勝利できたと実感をともなって考えられるからだ。成功体験を経て、個人的な「体験」がチームに還元できる「経験」へと変わる。

もちろん、勝負事に絶対のセオリーは存在しない。ただ、優勝がどういったものか分からないで戦うのと、もう一度味わいたいと思って戦うのでは差が出てくるのは当然ではないだろうか。

それでは、経験の差を補うにはどうすればいいか。話を2011年に戻すと、当時の落合博満監督には中日とヤクルトの差は練習量の差だと言われたが、言い得ている。

棋士の羽生善治さんが著書で次のように書いている。

良いパフォーマンスを出せる精神状態というのは、一番はリラックスして楽しんでいるときで、二番は重圧を感じて緊張しているときだと。重圧がかかる状態というのは、能力が引き出されるときでもあるという。

そして、重圧を感じる中で良いパフォーマンスを出すには、やはり練習量が重要だとも書かれていた。極限状況の中では練習量が心のよりどころになるのは、どんな世界でも同じのようだ。

洞察13 プレッシャーの正体とは

プレッシャーという言葉がある。1試合ごと、1打席ごとに結果が出る野球では、絶えずプレッシャーにさらされているともいえる。

それは、一般社会でも同じではないだろうか。例えば、大事な会議でプレゼンテーションを任される。取引先と商談をして契約を結ぶ。

結果を求められる場面では、誰もが大なり小なりプレッシャーを感じていることだろう。

私自身はもともとが緊張しやすい性格だった。打席に向かうときには、緊張で足が震えた。プロ野球の世界に入って最初の頃は「緊張したらあかん」「緊張しては実力が出せない」とばかり考えたものだった。

プレッシャーとは何か。突き詰めて考えれば、「何かをしなければいけない」と考えたときに生まれるものだと思っている。

例えば「この試合に勝つんだ」「ヒットを打つんだ」という能動的な気持ちを保っているときは、さほどプレッシャーを感じることはない。

それがひとたび、「この試合に勝たなければいけない」「ヒットを打たなければいけない」と受け身に回ってしまうとプレッシャーは増大する。「試合に負けたらどうしよう」「失敗したらどうしよう」と結果を恐れる気持ちが芽生え、余分なプレッシャーを感じることになってしまうからだ。それでは、良い結果につながるはずがない。

前項の2011年のヤクルトがまさにそうだった。シーズン中盤まで首位を走っていたが、最大10ゲーム差をつけていた中日に逆転されて、リーグ優勝を逃す結果になった。当時は優勝争いを経験したことがない若い選手が多く、シーズン終盤の9月以降は中日の本拠地のナゴヤドームでは力を発揮できず、1勝8敗と負け越した。

当然、中日の選手にも重圧はかかっていたはずだ。

だが、優勝争いの経験が豊富な彼らは、プレッシャーへの対処法が分かっていたように思う。

「やるべきことはやったのだから、結果はコントロールしようがない」

これぐらいの割り切りができていたのだろう。

仕事をする上で必ず付いて回るものである以上、プレッシャーから逃げることはできない。それでは、プレッシャーとどう向き合っていくのが正しいのか。

その答えとしていつも考えていたのが、自分ができる準備を整理することだった。

例えば、得点圏に走者がいる場面で打順が回ってきたとする。

だが、チャンスだからといって、ヒットを打たなければ点数が入らないというわけではない。内野ゴロでも点が入るケースがあるし、外野フライでも得点できる場合がある。

この場面では打った方が良いのか、待った方が良いのか。ヒットを打つしかない局面であれば、どの球種を待ち、どの方向に打てば良いのか。相手の守備位置や配球の傾向を考え、準備を整理することに集中していた。

結果はコントロールできないが、どう準備するかは自分でコントロールすることができる。準備を整理することで、打てなかったらどうしようと結果を考える思考の隙間が少なくなっていった。

結果はコントロールできないが、
どう準備するかは
自分でコントロールすることができる。
準備を整理することで、
打てなかったらどうしようと
結果を考える思考の隙間が
少なくなっていった。

「洞察⑭」大きな目標と小さな目標を使い分ける

「将来はプロ野球を代表する選手になりたい」

「1年目の目標は新人王になることです」

プロ野球の世界に飛び込んでくる多くの新人選手が、こういった目標を口にする。

未体験の世界で成功する姿を思い描き、高い目標を設定する。目標は高く設定した方が成功する。世間で当たり前のようにいわれている考え方だが、大きな目標ばかりを掲げていては行き詰まってしまうというのが私の実感だ。

2014年の初め、巨人にドラフト1位で入団した小林誠司と対談する機会があった。同志社大学の後輩ということで大学からの依頼に応えてのものだった。対談中、小林から「もし、宮本さんが新人に戻ったとしたら、これだけはやっておこうということはありますか」と質問を受けた。少し考えてから私が答えたのは、まずは大きな目標を立てて、それに対して何ができるか、小さな目標を設定してクリアしていくということだった。

ヤクルトに入団した当時の目標は「10年間、プロ野球選手を続ける」ということだった。大学、社会人を経験してプロに入ったのが25歳となる年。35歳まで現役を続けることができれば最高だと思っていたからだ。

ところが、初めて参加した春季キャンプで衝撃を受けることになった。当時のヤクルトのショートには池山隆寛さん（現楽天チーフコーチ）がいた。打撃練習で池山さんの軽々と柵越えする打球を見て、明らかに体力面が違うと感じたからだった。

この瞬間、「まずは一軍に残る」という目の前の目標ができた。即戦力として評価されて入団した以上、一軍に残るのは最低限のことだと考えていたからだ。

一軍に残るには、基礎体力を上げるためのウエートトレーニングの練習量を増やさなければならない、スイングスピードを上げるために、バットを振る量を増やさなければならない、試合に出たときには、状況判断のミスはできない――。

一軍に残るという目標を設定したことで、次々に課題が見つかった。

試合に出始めるようになれば、毎日結果に追われるようになる。レギュラーになり始めの頃は守備、打撃、走塁で何でもいいから一つ良いプレーをしないと、翌日は試合で使ってもらえないという危機感があった。

目の前の目標を設定し続けたのは、レギュラーに定着してからも一緒だった。「今度は変化球を待って、直球が来たときにはファウルできるようにしよう」。1カ月、あるいは1、2週間という短い期間の中で目標を立てては、クリアするために練習した。ベテランと呼ばれる年齢になれば、今度はチームが勝利しなければ生き残っていくことはできない。もっと、もっとという欲があれば、自然に目標が定まってくる。

その点、試合に出続けられるレギュラーという立場の選手は、毎日結果が出るから目標設定が楽になる。いつ試合に出られるか分からないベンチの控え選手と、レギュラー選手で力の差が開いていくのは当然のことなのだ。

大きな目標ばかりを設定しても、苦しくなって妥協する部分が出てきてしまう。一方で小さな目標だけでは、スケールの小さな選手で終わってしまう。

「10年間、プロ野球選手を続ける」と考えていた私が19年間生き残ることができたのは、大きな目標と小さな目標を使い分けていたからだといえる。

洞察⑮ 「ロールモデルを持つ」が成長の始まり

「誰々さんのようになりたい」という憧れは、誰しもが持ったことがあると思う。ビジネスの世界では具体的な行動や考え方の模範となる人をロールモデルと呼ぶそうだ。身近な目標を持つことでその人を観察し、考察することによって行動パターンを身に付けていく。

プロ野球の世界でも真似をすることが上達の近道になることが多い。

振り返ってみると、私にもロールモデルと呼ぶべき選手がいた。ＰＬ学園高校時代に憧れていたのは、1学年上の立浪和義さん（元中日）だった。高校のグラウンドで初めて立浪さんの守備練習を見たときには驚いたのを覚えている。

守備範囲の広さ、打球に対するスピード、グラブさばきの巧さとどれを取っても高校生のレベルではなかったからだ。一歩目が早く、ダッシュ力も優れているので他の選手よりも数歩前で捕球することができる。有望選手が集まっていた当時のＰＬ学園の中でも群を抜いていた。立浪さんは中日にドラフト1位で指名されて入団した。目安というと失礼だが、立浪さんぐらいできないとプロには指名されないという明確な目標になった。

具体的な行動や考え方の模範となる人をロールモデルと呼ぶと書いたが、毎日、立浪さんの動きを目で追って真似をしていると自然と守備の動きが似てきた。大学、社会人を経てプロに入ってからも「立浪に似ている」と言われることが多かった。

立浪さんが現役を引退されたのは２００９年だった。この頃は代打の切り札となっていた立浪さんが、体のキレを出すためにショートの位置でノックを受けていたのだが、それを見たチームメートの相川亮二が「立浪さんの動き、先輩にそっくりですね」と言ってきたことがあった。「逆だ。俺が立浪さんを見てやってきたんだから、俺が立浪さんに似ているんだ」と慌てて訂正したのを覚えている。

物事に対する考え方や、野球に取り組む姿勢という部分で影響を受けたのは片岡篤史さん（現阪神打撃コーチ）だった。1学年上の片岡さんとはPL学園で2年間、同志社大学で3年間と計5年間一緒にプレーさせてもらった。プロに入ってからは一緒のチームになることはなかったが、幾度となく食事に連れていってもらった先輩だ。

片岡さんの考え方の基本は、一見非合理と思えるようなことでも一生懸命やることで意味が出てくるというものだった。成果が出ていない時期でも、最後まで何とかしようとする姿勢を示すことで周囲に伝わり、周囲を動かすことがある。そうした姿勢がその後の結果を左右することもある。

片岡さんとはプレーを観ていて気付くポイントも似ていた。

ヤクルトに村中恭兵という投手がいる。良いボールを投げる素質があるのだが、立ち上がりに課題を抱え成果を残せないでいた。本人も課題を克服しようとブルペンで投げる量や走る量を増やしたりと工夫をしているのだが、それにしては理解できないことがあった。

試合開始の直前に行う5球の投球練習を力を抜いて投げていたのだ。

「何で全力で投げないんだ。試合前の投球練習が一番大事じゃないのか」と叱ったことがあった。

すると、ある試合に解説者として来ていた片岡さんが「なぜ投球練習を一生懸命投げないのでしょうか」と苦言を交えて解説していたと聞いた。

高校時代から片岡さんを間近で観察してきたし、学生時代に教わった指導者も一緒である。野球に対する価値観や考え方が似るのは、当たり前のことなのかもしれない。

いずれの先輩も意識的にロールモデルに選んだというわけではなかった。身近で接するうちに無意識に観察し、模範とするようになったわけである。

「誰々さんのようになりたい」という思いを持つことは、向上心の表れと言うこともできる。ロールモデルを持つことは成長の始まりである。

洞察16 目配り、気配りが成長を支える

毎年、多くの新人選手がプロ野球の世界に飛び込んでくる。これまではアマチュアだった選手が、野球で年俸を稼ぐプロフェッショナルとしての第一歩を踏み出すわけだ。

ここでは2014年シーズンの新人で注目を集めた、桐光学園高からドラフト1位で楽天に入団した松井裕樹について話をしてみたい。

2012年の夏の甲子園で1試合22奪三振（今治西高戦）の新記録を作り、オープン戦でも4試合で2勝。開幕ローテーション入りしたのだが、開幕から勝てずに二軍落ちすることになった。素晴らしいボールを投げるだけに、どうして1年目から勝てないのだろう

と思われたファンもいたことだろう。

ルーキーイヤーの松井を春季キャンプ、オープン戦から見る機会があったのだが、プロの世界で結果を残すには少し時間がかかるだろうなという感想を抱いていた。

目配り、気配りという部分で、成長が必要だと感じたからだった。

例えば、マウンドでの首の振り方である。ストライクを続けて取っているときには、投げたいボールのサインが出なければ自信を持って首を振る。

ところが、ボールが続いてカウントが投手不利の場面では、自信がなさそうに縮こまっているように見えた。これでは打者との心理戦で有利に立たれてしまう。

キャッチボール一つをとっても、気になることがあった。

先輩相手に暴投をしてしまったときに、帽子を脱がずに頭を動かすだけで謝ってしまう。年長者に対しては帽子を脱いで謝るのが普通で、ましてやルーキーである。帽子を脱がないだけで、反感を買ってしまうこともあるかもしれない。

自分を客観視することができない。

つまりは周りが見えていないわけだ。

マウンドでも一度セットポジションに入ってからボールを交換する。クイックはするが、ピンチになると忘れて足を高く上げてしまう。

投げるボールは素晴らしいだけに、勝てる投手になるには、こういった心構えの部分を学んでいく必要があるだろうと感じていた。

ビジネスの世界でも、世代間のギャップが仕事をする上での課題になっていると聞く。私たちが新人の頃も「最近の若いやつはなっていない」と言われていたもので、いつの時代も世代間のギャップは存在するのだろう。

ただ、最近の若手に感じるのは自分で考える力がなくなっているということだ。

昔は自分でゴールを設定し、そこに到るまでのプロセスを考えようとしていた。結果を残している先輩の打ち方を観察して真似してみたり、練習方法を取り入れてみたりした。

ところが最近は、言われたことをやるだけの選手が増えてしまった。時代の変化なのだろうか。昔よりも真面目な選手が多いから、コーチに言われた練習はたくさんこなす。

ところが1と言われたときに自分で2、3、4とは考えようとしない。5と言われれば、5まではやろうとするが、その先の6、7に考えを進めることができない。

もっと自発的に考えれば結果が変わってくるのに、と思うことが多い。

現役時代、新人に助言を求められたときは「プロになったのだから、24時間、野球のことを考えることじゃないか」と答えていた。

食事中であっても、たとえ寝ている間でも、仕事のことを考え続けるのがプロフェッシ

ヨナルの姿だと思っていたからだ。

プロ野球の選手寿命の平均が約9年で、引退する平均年齢は約29歳である。入団してからわずか2、3年で戦力外になることも多い。**使える時間は多いようで少ない。**

一般社会でも同じことが言えるかもしれない。

取引先を訪れるのに菓子折りを持っていくよう上司から指示されたのなら、会話のきっかけになるように相手の好きな食べ物や出身地を調べてみてもいい。

たとえ失敗しても、次に役立つ気付きが得られるかもしれない。

わずかな目配り、気配りの積み重ねがプロフェッショナルの仕事では大きな差を生む。

１と言われたときに
自分で２、３、４とは考えようとしない。
５と言われれば、
５まではやろうとするが、
その先の６、７に
考えを進めることができない。
もっと自発的に考えれば
結果が変わってくるのに、
と思うことが多い。

洞察17 時には常識を疑え

野球を始めたばかりの小学3年生か、4年生の頃だったと記憶している。

阪神の遊撃手としてベストナインに9度輝いた吉田義男さんが講師を務める野球教室に参加したことがあった。私が所属していたチームを含めた数チームが募集に応募していたが、運良く当選し、野球教室に参加することができたのだ。

グラウンドで輪になって話を聞いていると現役時代は「今牛若丸」と呼ばれ、阪神の監督も務めた吉田さんと何度も目が合った。

「君、ちょっと前に出てくれるか」

実技指導の際には吉田さんから2、3回指名され、輪の中心に出て直接教わることができた。

当時の私のポジションは投手で、遊撃を守っていたわけではなかった。吉田さんにはプロに入ってからも気にかけてもらっていて、あいさつに行くとたくさん話をしてくださったが、どうしてあのとき指名されたのかは、今でも分からない。

当時、野球教室で教わったことは今でも覚えている。ゴロを捕球するときの形はこう説明していた。

「腰を落とせるぐらいに足幅を広げて、（両足を基準に）正三角形の頂点でボールを捕る。そのままだと両足がそろってしまうから、左足を少しだけ前に出す。これがゴロを捕る形」

10歳前後で教わった言葉が頭に残っていて、ゴロとはそうやって捕るものだと思っていた。高校、大学、社会人、プロ野球とレベルが上がっても、基本は変わらない。現役を引退して野球教室を開く機会が増えたが、当時吉田さんに教わった通りのことを今の子供たちにも教えている。

一方で、かつては野球界の常識とされていたことが、変わってきた部分もある。

例えば、グラブとは反対側に来た打球をグラブだけで捕る逆シングルと呼ばれる捕球だ。以前はどんな打球に対しても打球の正面に入って両手で捕ることが正解とされていたが、三遊間の深い打球などは逆シングルで捕ってもよいと理解されるようになった。

正面で捕球しても送球が間に合わないような打球は、逆シングルで捕って投げた方が速い。これは人工芝のグラウンドが増えてきたこととも関係している。土に比べてスパイクが止まりやすい人工芝では、どんな打球に対しても打球の正面に入ろうとすると、足に負担がかかって故障してしまうからだ。

打撃についても同様のことが言える。

以前はバットを上から下の軌道で振るダウンスイングが正しいスイングとされていた。

少しでも野球経験がある方なら「上から打球をたたけ」と指導されたことがあるだろう。ところが最近は、地面と平行に振るレベルスイングが常識となっている。

誤解してほしくないのだが、往年の選手や技術を否定しているわけではないし、ないがしろにするつもりもない。

スイングを例に取れば、直球の軌道から微妙に変化するカットボールやツーシームという球種が増えた。こういった動く球にはダウンスイングよりもレベルスイングの方が対応しやすい。

時代や周囲を取り巻く環境の変化によって、基本と呼ばれるものは少しずつ変わっていく。かつては常識とされていたことが、今日では異なることも多い。

かつての常識に縛られてしまっては、思考が止まってしまう。

大切なのは常に臨機応変であろうとする姿勢だ。

プロフェッショナルであるためには、時には常識を疑ってみることも必要になる。

基本と呼ばれるものは
少しずつ変わっていく。
かつては常識とされていたことが、
今日では異なることも多い。
かつての常識に縛られてしまっては、
思考が止まってしまう。

洞察 18

数字との戦い方

2007年のシーズンのことだ。10月6日の中日戦（神宮）で3打数無安打に終わり、打率は2割9分8厘。翌7日の広島戦（同）では2本の内野安打を放ち、打率が3割ちょうどになった。チームは残り2試合。当時の古田敦也監督から残り試合を休むかどうかを聞かれた。

プロ野球の世界では「打率3割を打てば、打者として一流」といわれる（同年に打率3割以上はセ・リーグで10人だった）。打率3割と2割9分9厘では価値が大きく異なる。すでにチームの順位が決まっていたこともあり、個人の記録を優先させてくれたわけだ。

ところが、困ったことが一つあった。打率3割と書いたが、正確には464打数139安打で打率2割9分9厘5毛。四捨五入しての3割だったのである。

初めて3割を打った2000年のシーズンは、当時打撃コーチだった八重樫幸雄さん（現解説者）から「四捨五入は3割じゃないから、ちゃんと打て」と言われて最後まで試合に出続けた。結局、その年は3割4毛でクリアすることができたが、今回も残り2試合に出て、きっちり打って3割を達成できる保証はどこにもない。

とはいえ、私のその時点の3割は四捨五入してのもの。休んだ後に八重樫さんが言ったとおり「四捨五入は打率3割と認められない」と言われたら、たまったものではない。翌日の試合前にチーム関係者や担当記者に調べてもらうと「公式記録上は四捨五入も3割に認められる」と言われ、「じゃあ、試合には出ません」と欠場を決めたのだった。

プロ野球選手は相手や自分自身だけでなく、数字とも戦っている。打席に入れば、電光掲示板に打率、本塁打、打点が表示される。あれは想像以上に気になるものだ。新聞を開けば、打撃成績が目に飛び込んでくる。他球団の自分と同じポジションの選手がどれだけ打っているかを調べたこともあった。個人成績は翌年の年俸に跳ね返ってくるわけで、日々の数字が気になるのは当然のことだ。

高い打率を維持しているときは、打撃が好調なうちにもっと安打を稼いでおかないといけないという思いがあった。いつ50打席連続で無安打になるか分からない。そうすると5分ぐらいは簡単に下がってしまうからだ。

逆に打率が低いときは「最低限、チーム打率さえ打っていればいい」と考えるようにしていた。チーム打率が2割5分なら、2割5分5厘打っていればいい。極端な言い方をすれば、最低限チーム打率さえ打っていれば、チームに迷惑はかけていないといえるからだ。

数字と戦っているのは、ビジネスの世界も同じだろう。売上げ目標の達成率など、成果を数字化して評価されることも多いと聞く。

一方で「数字を意識するな」という言葉を目にすることもあるが、これには違和感を覚える。どんな世界でも、仕事の結果としての数字はシビアに意識した方が良いと思うからだ。

例えば、今月は何件の新規契約を結びたい。売上げを何パーセント上げたい。これぐらいの数字を残したいという具体的な目標を立てるから、目標に到るまでのプロセスを考えて準備をする。成果が出なければ、アプローチの仕方を変えようと考えることもできる。

数字を意識せずに逃げているようでは、成果を残したとしても運に左右された一時的なものであったりして、プロセスを欠く結果に終わってしまう。

洞察19 プロが迫られる孤独な決断

スポーツ選手には、決断を迫られる場面が多い。移籍先を決断するときや、現役引退を決めるときが代表的な例だろうか。試合中の一つのプレーも、幾つかある選択肢の中から選んだもので成り立っている。その意味では決断の連続だといえる。

「決断力」という言葉がある。物事を決断する力という意味だが、決断を迫られた場面ですぐに決断できる人もいれば、時間をかけてもなかなか答えを出せない人もいる。

私自身は何かを決めるに当たって、悩んで決められないという経験をしたことがほとんどなかった。せっかちな性格による部分が大きいのかもしれない。周囲からは「悩まずに決められてうらやましい」と言われたこともある。

私からしてみれば、長い時間をかけて悩める方が不思議だった。

一つ言えることは、**悩むのは「結果」を基準に考えてしまうからだということだ。**

結果には良い結果と悪い結果がある。

例えば移籍を決断する際にしても移籍するメリット、デメリットがあれば、残留するメリット、デメリットがあるのは当然だろう。どちらを選んだとしてもデメリットがあるのなら、悩んでしまうのも当然だ。

どちらの選択肢にも悪い側面があるのだとしたら、自分がどうしたいかという点を基準に考えた方が、答えは出しやすい。たとえ悪い結果が出たとしても、自分がどうしたいかに従った方が、納得しやすいのではないだろうか。

結局は決断をするのは自分である。結果に対して責任を負うのも自分だ。決断するに当たっては誰かに相談をしたり、背中を押してもらったりすることはあるだろうが、基本的には孤独な作業だといえる。

物事を決断するときに一つの物差しにしていたのは、自分の損得は考えないということだった。日本プロ野球選手会の会長を務めたときには、純粋にプロ野球を良くするためにはどうしたら良いのかという基準で考えるようにしていた。

選手会の利益のために動くのか、あるいはファンのことを考えて動くのか。全ての権利を主張するのは現実的には不可能で、交渉の過程ではチームを運営する経営者側に譲らなければならない部分が出てくる。選手側のメリット、デメリットばかりを考えていては、選手会の代表として決断することなどできない。自分の損得を優先して考えてしまっては、行動には移せない。

そもそも選手会会長を引き受けた際にも、自分の損得は考えなかった。前任者の古田敦也さんが球界再編問題で先頭に立ってきていたから、次の会長を互選で決めるというのは選手会として正しくないと考えたからだった。損得勘定をすれば負担になるのは分かっていたが、誰かが自ら立候補するという意思表示をするべきだと考えたわけだ。

決断に際して悩んだことはないと書いたが、私の性格は母の影響が大きいのかもしれない。考え込むことが多い性格だった父とは対照的に、母はすぐに切り替えることができる性格だった。母から吹っかけた形の夫婦げんかでさえも、その日のうちに自分から仲直りしようとした。父にしてみれば、先ほどまであれだけ怒っていたのにどういう神経をしているんだと思っていたことだろう。

私自身も夫婦げんかをしたときには、自分から謝ることがある。**自分から謝ってでも、**

次の日に嫌な感情を持ち越したくないのである。

洞察 20

験担《げんかつ》ぎは気持ちのコントロール

プロ野球の世界では「験担《げんかつ》ぎ」をする監督や選手が多い。

有名なのは南海、ヤクルト、阪神、楽天で監督を務めた野村克也監督だろう。勝利した試合の日に着ていた下着は翌日も着替えないのだという。チームの連勝が続けば、ずっと同じ下着を着ていたというのだから徹底している。

私も若い頃には験担ぎをしていた。こだわっていたのは生活リズムだった。

朝、目が覚めたらまずはスポーツ新聞に目を通す。次に洗面所で歯を磨いてから、顔を洗う。その日の試合でヒットが打てなかったら、今度は顔を洗ってから歯を磨くように順番を変えていた。自分が決めたルーチンを守らないと「今日は打てないのではないか」「試合でエラーをしてしまうのではないか」と落ち着かなかった。

一度ルーチンを気にし始めるようになると、ソックスをどちらの足からはくかまで気になってしまう。毎日のように増えていくルーチンを覚えておかなければいけなくなった。

元来、面倒くさがりの私はある時に「これでヒットを打てたり、チームが勝てたりするんだったら、練習しなくてもいいんじゃないか？　何のために毎日、苦しい練習しているのだろう」と気付いた。

そう考えると、翌日からルーチンを気にすることがなくなった。顔を洗う順番を考えなくてよくなったので、ずいぶんと気が楽になったのを覚えている。

誤解してほしくないのだが、験担ぎをすること自体を否定しているわけではない。大事な仕事の際に締めるネクタイがある。大切な商談の前には濃いコーヒーを飲むことをルーチンにしている人だっているだろう。

習慣としての験担ぎは、気持ちの切り替えのスイッチになる。結果をコントロールできない場面では、験担ぎをすることで不安を取り除けることがあるのも事実だろう。それだけ、仕事に対して準備をしているともいえるからだ。

ただ、験担ぎで他人に迷惑をかけるようになってしまっては本末転倒だ。

名誉のために名前は伏せるが、ヤクルトに在籍していた某選手はベンチ内で通るルートを験担ぎにしていた。他の選手が座っていて歩くスペースがないにもかかわらず、その目の前を通るのを習慣にしていた。彼は攻守交代でベンチに戻る際には一番左側の通路を通ってベンチに帰ると決めていた。混んでいるときには立ち止まって待っているので、たまりかねて「あっちから帰れ」と怒鳴ったことがあった。

一番ひどかったのは、たまたまトイレで用を足し、流すのを忘れたときのことだった。当日の試合で3安打すると、翌日もトイレが流されていなかった。験担ぎにこだわることを知っていたチームメートからは「絶対、〇〇さんだ」と苦情の声が上がった。

これは聞いた話だが、在京球団に在籍していたある選手は試合前にロッカールームからベンチに向かう際、誰かに声をかけられると「あー、もう」と怒ってロッカールームに戻ったという。ロッカーからベンチまで、誰にも声をかけられてはいけないと決めていたわけだ。最初は集中方法だったのだろうが、チームメートもたまったものではない。ここまでくると、準備としてのルーチンとはいえないだろう。

洞察 21
異文化コミュニケーションの鍵

プロ野球のチームには、外国人選手が在籍している。「助っ人」と呼ばれることも多いわけだが、外国人選手とのコミュニケーションには気を使うことが多かった。

長年、チームを引っ張ってきた古田敦也監督が現役を引退し、高田繁監督（現DeNAゼネラルマネジャー）が就任した2008年のことだった。2月に沖縄県浦添市で行われた春季キャンプで、アダム・リグスと言い合いになったことがあった。

投手と内野手が状況によった守備隊形を確認する、投内連携と呼ばれる練習中のことだった。リグスは一塁を守っていたのだが、何度も簡単なミスを犯した。来日4年目を迎え、日本の野球やチームへの慣れもあったのだろう。練習をただこなしているだけなのは誰の目にも明らかだった。

当時は若い選手がチームの主体になり、一からチームを作り上げていかなければならない時期だった。外国人選手とはいえ、一人の怠慢プレーを許していては成熟していないチームに悪影響が出てしまう。「おい、何やっとるんや」と日本語で怒鳴ったのだが、リグスも何か文句を言われたのが分かったのだろう。あからさまに不機嫌な態度を取り、一触即発の雰囲気になってしまった。

投内連携の練習後、通訳を交えて話し合いの場を持った。リグスは顔を真っ赤にしながら「お前はキャプテンだから気持ちは分かる。でも、言い方というものがあるだろう」と抗議をしてきた。

2005年に来日したリグスは同年に打率3割6厘（規定打席には未到達）の成績を残し、翌年にはチーム最多の39本塁打を記録した実績があった。元メジャーリーガーとしてのプライドが、チームメートの前で叱責されることを許さなかったのだろう。

冷静になっていた私は「まあ、リグスが言っていることもその通りだな」と思い、「皆の前で怒鳴ったのは悪かった」と謝ることにした。ただ、続けて「古田さんが抜けて、現状はチームが変わらなければいけない時期だと思っている。キャプテンとして、今年は厳しくしていくつもりでいるから。そのことだけは、頭に入れておいてくれないか」という話をした。すると、リグスは「分かった」と納得してくれた。

外国人とのコミュニケーションが難しいのは、プロ野球界でも同じだ。

言葉が違えば、考え方も、文化も異なる。日本人選手にとっては当たり前のことが、外国人選手にとっては受け入れられないことも多い。若いときはよく分からずに接していたが、ベテランとなり、チームのキャプテンとなってからは、外国人選手を食事に連れていったりもした。日頃からコミュニケーションを取っていなければ、急に何かを注意しても聞く耳さえ持ってくれないからだ。

外国人選手と接する上で気を付けていたのは、彼らの考え方や文化を可能な限りは尊重するということだった。彼らは日本に出稼ぎに来ている立場だ。異なる文化の中に飛び込み、思うようにならないことも多いだろう。

ただ、外国人選手とはいえ、最低限のチームの決まり事は守らなければならない。日本人の文化や気質を理解してもらい、その中で持っている力を出せる環境を作りたい。

洞察22 活躍する外国人選手が持つ「共通のスキル」

前項で、外国人選手と接する上では、彼らの考え方や文化を尊重することが大切だと書いた。ヤクルトのチームメートでうまく付き合うことができた外国人選手といえば、２０１３年にシーズン60本塁打でプロ野球記録を更新したウラディミール・バレンティンになるだろうか。

思い出すのは２０１１年８月17日の横浜（現ＤｅＮＡ）戦（神宮）だ。一回に先発の七條祐樹が８失点して降板し、四回まで最大９点差をつけられていたのだが、最終的には10対10と追い付いて引き分けた試合だった。

四回の第２打席に中前適時打《センター前タイムリーヒット》した私は、次の守備から森岡良介と交代した。同年は優勝争いをした年で、シーズンはこれからが重要な意味を持つ時期でもあった。ベテラン選手のコンディションを考慮した首脳陣から「次の回から代わるか？」と聞かれて「どちらでも構いません」と答えたのだが、「それじゃあ、やめて（交代して）おこう」と交代することになった。

試合中、来日１年目だったバレンティンが「宮本はチームのために試合に出ないのか」

と詰め寄ってきた。四回に3ランを放って気分が乗っていたというのもあるのだろう。残されたシーズンを考えて首脳陣の判断で交代していた私は「お前に言われる筋合いはない」とそれから10日以上、バレンティンとは話さなかった。

しばらくすると、私と同い年の近藤広二通訳が「バレンティンが謝罪したがっている」と言ってきたので、話し合いの場を持つことにした。ただ、話し合う場所には気を使った。過去の経験上、外国人選手は思ったよりもプライドが高い場合が多い。多くの選手が着替えをするロッカールームで話しては、バレンティンも他の選手の目が気になるだろうと思ったのだ。「ちょっといいかな」と扉の閉まるマネージャー室を借りて、お互いの意見を交換することにした。

バレンティンとはその後も2、3度、マネージャー室で話したことがあった。

２０１３年には投手ゴロを打った際に、一塁に走るそぶりも見せずにバッターボックスの中で防具《プロテクター》を外したことがあった。ベンチに戻ってきた時には、思い切りベンチを蹴り上げて怒りを露わにした。一塁に走るのは基本中の基本である。バレンティンが足に故障を抱えていたのは知っていたが、凡退したからといって一塁に走らないという行為を許していては、チーム全体の士気に影響してしまう。反省をしたのか、次の試合からは真面目に走るようになった。

バレンティンは気分屋ですぐすねるところがあったが、肝心な時にはチームや選手に敬意を払った発言をしていた。こちらが理由を明確にして注意をすれば、素直に理解を示すこともあった。

私の引退試合となった2013年10月4日の阪神戦（神宮）でバレンティンは60号を放った。報道陣には「ミヤモトサンの最後のゲーム。シンヤのためにも打ちたかった」とコメントしてくれたという。

バレンティンの発言がどこまで本音だったかは分からない。ただ、周囲の状況や日本の文化を考え、こうしたコメントを残さなければならないと思ったのだろう。こうした、ある種の「ずる賢さ」は日本で活躍する外国人に共通するスキルだと考えている。

洞察 23 プロフェッショナルは言い訳をしない

フリーエージェント（FA）制度が導入されて以降、日本でも米大リーグのように長期契約を結ぶ選手が増えてきた。

ところが、その大リーグで確かな実績を残しながら、「（駄目なら辞められる）1カ月契約が良い」と言ってはばからない選手がいた。黒田博樹だ。

実際に米国で複数年契約を打診されながら、毎年1年契約を貫き通したというストイックさ。自分を追い詰めて土俵際で戦い続ける姿勢。大げさに言えば、ＰＬ学園高校の先輩を除くと、一番尊敬に値する野球選手だと思っている。

彼は大リーグ7年間で79勝を挙げた。メジャーの高額のオファーを断って２０１４年オフには古巣の広島に復帰を決断し、日米の野球ファンを大いに驚かせた。

復帰初年度の2月、キャンプを訪れてブルペンでの投球を見た際には、投球フォームがコンパクトになっている印象を受けた。以前、日本にいた頃にはもう少し左肩が開いて投げていた記憶があったが、それがなくなっていた。日本ではほぼ中5、6日の登板間隔で先発するが、大リーグでは中4日が主流。頭のいい投手だ。新しい環境に適応するため、肩や肘への負担が少ない投球フォームに変えていったのだろう。

グラウンドでは目の前を素通りしていったので、冗談で「冷たいやないか」とＬＩＮＥのメッセージを送った。「たくさん（球界の）ＯＢがいる中で宮本さんにあいさつに行ったら、宮本さんが気を使うでしょう」という返信には、思わず笑ってしまった。

彼との出会いは、２００４年のアテネ五輪だった。野球に対して真摯に取り組む姿勢や広島に帰ってからの在り方を見ていると、尊敬できる選手だと感じていた。

彼は言い訳をすることが一切ない。打たれたら「すみませんでした」と頭を下げる潔さと、勝っても「誰が勝ったんだろう？」というぐらいの謙遜の雰囲気があった。

思い出すのは2006年のワールド・ベースボール・クラシック（WBC）だ。黒田は大会前の練習試合で右手に打球を受けて負傷してしまった。代表に残って回復を待つ道もあったのだろうが「日本代表は（故障を）ごまかしながらやる場所ではない」と自分から辞退した。選手枠を一つ削ってしまっては、日本代表に迷惑がかかると考えたのだろう。

黒田の復帰が、広島に個人成績以上の影響をもたらすことを私は確信していた。伸び伸びとやっている若いチームに、勝負の厳しさやプロのあるべき姿を伝えられる選手が加わる。野球とは何か、野球選手とは何か、エースと何か。彼から学べることは多い。

果たしてその確信は現実のものとなった。復帰2年目の2016年に広島は25年ぶりにリーグ優勝を果たした。黒田も10勝を上げたが、この年限りでユニホームを脱ぐ決断を下している。

アテネ五輪が終わった2004年のシーズン終盤のことだ。シーズン中には敵チームと食事をしない彼がケガで登録抹消となり、広島で食事をしたことがあった。

繁華街を歩いていると「あ、宮本だ」と何度も声をかけられた。主将を務めた五輪の直後ということもあり、露出が増えていたためだろう。当時、隣を歩いていた彼が「なんで俺、広島の選手なのに声かけられへんねん」と嘆いていたのが懐かしい。今や「日本の黒田」。これからは広島だけではなく、日本球界のために経験を伝えてもらいたい。

洞察 24 年俸交渉に感情は持ち込むな

シーズンオフの風物詩に契約更改交渉がある。シーズンで残した成績を基に、球団側と翌年の年俸を話し合う。プロ野球選手にとっては、来年度の給料が決まる交渉の場である。

2014年の契約更改交渉で注目を集めたのは、中日の大島洋平だった。報道によると当時の落合博満ゼネラルマネジャー（GM）との最初の交渉では、1775万円増の年俸7400万円を提示されて保留した。落合GMが就任して以来、初めての保留選手だったという。

「1年前の交渉で限度額まで下げられて、取り戻そうと頑張った。下げられる前の年（7500万円）に届いていない。納得できない」と主張し、2度目の交渉も平行線だった。年俸調停も考えたというが、3度目の交渉で初回と同じ提示額でサインした。「僕が納得すればいいいと思った。どちらかが折れないと終わらない」と矛を納めたという。

プロ野球には年俸調停制度（参稼報酬調停制度）がある。条件が折り合えない場合に年俸調停委員会が双方の言い分を聞き、年俸額を決定する制度のことだ。

年俸調停委員となる調査委員を務めていた立場からいえば、選手が納得できるのであれば制度を活用すればいいと思っている。

年俸調停となれば球団の言い分もあるし、選手の言い分もある。同じ成績の選手の年俸と照らし合わせながら、それまでの経緯も含めて見極めなければいけない。

ただ一つ問題なのは、年俸調停にかけると球団側が選手に対して悪い印象を抱いてしまうということだ。「なんだ、雇ってやっているのに年俸調停にかけやがって」「年俸調停にかけるような面倒くさい選手はいらない」といった日本的な思考が理由なのだろう。過去には年俸調停の翌年に他球団にトレードで放出された例もある。

年俸調停制度は定められたルールである。金額以外の感情を持ち込むのは止めるべきだというのが私の本音だ。

私自身の契約更改交渉を振り返ると、こんなことがあった。5年契約の3年目を終えた2006年のオフのことだ。3年目を終えると年俸が上がる契約を結んでいたのだが、同年は故障もあって73試合の出場に止まっていた。年俸のダウンも覚悟していたのだが、下交渉ではアップを提示された。

球団からの評価はうれしいのだが、73試合の出場では素直に喜ぶことができない。「僕自身、すっきりすることができないんですよね」と何人かに相談すると、ある知人から「それなら、球団に還元されるように使ってもらったら」という助言をもらった。

当時、リハビリで二軍施設の戸田球場で外野フェンス沿いを走っていると、ネットの傷みや金具のさびが目立つことに気付いた。そこで契約更改交渉の席で「もともと考えていなかった分なので、年俸の増額分（約1000万円）から使ってほしい」と外野フェンスの修復をお願いすることにしたのである。

交渉担当者からは「ありがとう」と感謝をされた。他の球団の幹部からは「あれは本当の話なのか？」と驚かれたものだった。

プロにとって契約更改は選手としての価値を決める場でもある。

私は交渉の席では「これだけの金額がほしい」と素直に提示するようにしていた。球団側に少しでも安く抑えようだとか、選手側に少しでも多く引き出そうという気持ちがなければ、大方同じラインの金額が出てくる。そこから納得するまで話し合えばいい。

契約更改の場は会社としての考えを聞くことができる場でもある。プレーヤーとしてどういった評価をし、期待をしているのか。企業として中長期的にどういったビジョンを描いているのか。

年俸の金額以外にも目を向けるべき点は多いのである。

第3章

変化

変化を続けられた者だけが生き残る

洞察25 変化するときは「ゼロ」からの勝負

守るだけの自衛隊――。野村克也監督にそう評されていた私に転機が訪れたのは、入団から5年目を終えた1999年のオフのことだった。宮崎県西都市で行った秋季キャンプで臨時コーチを務めた中西太さんの下で打撃改造に取り組むことになった。

5年目の打率は2割4分8厘である。自分なりに試行錯誤を重ねていたが、30歳を目前にして、このままでは数年のうちに選手生活が終わってしまうという危機感が強くなっていた。プロ野球は入れ替わりの激しい世界だ。いつまでもチャンスを与えられるわけではない。今の形で続けていても、自分より若く、同じ程度の成績を残せる選手が出てくればすぐに定位置を奪われてしまう。

それならば、たとえ打撃改造に失敗して1割しか打てなくなってもいいから、3割を目指そう。そう考えて取り組んだのが、今まで積み重ねてきたものを捨てて「ゼロベース」にすることだった。丁か半かの勝負に挑むのなら、それまでの感覚が変化の邪魔になってしまうと考えたからだ。

現役時代は首位打者に2回、本塁打王に5回、打点王に3回輝き、指導者としても多くの打者を育てた中西さんの打撃理論は、下半身を重視してボールを呼び込み、強くたたくというものだった。

「しっかり呼び込んで打てば、打球は飛ぶ。詰まることを恥ずかしがるな」

打者は本来、打球が詰まることを恥ずかしいと感じる性質がある。まして私のように非力なタイプは、詰まった打球を打つことで周囲から力負けしたと思われることを嫌がる。いかに詰まらないかを出発点に考えることが多いのだが、中西さんの指導法は全くの逆であった。

詰まることを恐れない。この発想の転換が私を変えた。キャンプでは最後まで球場に残り、中西さんが投げてくれるボールを日が暮れても打ち続けた。シーズンが始まってからも神宮球場の室内練習場に一番乗りして打ち込んだ。次第に新しい打撃フォームが固まっていった。

打撃フォームだけではない。バットの形状もゼロから変えた。単純ではあるが、太い方がボールに当たるだろうと考えて、バットの根元付近を太くしたのだ。さらにはコンパクトに振れるようにとグリップエンドが膨らんでいるタイカップ型に変えた。高木豊さん(元横浜)が使っていたバットをベースに改造したのだが、原型が分からなくなるほどだった。チームメートを見渡しても私ほど太いバットを使っているのはロベルト・ペタジーニぐらいだった。

打撃改造を始めた翌2000年、初めて3割を打つことができた。バットの形状は多少長さを調整するぐらいで、現役を引退するまでこのときのものを使い続けていた。

野村克也監督は「変化を恐れないのが一流」と話されているが、私は「変化」とは「勝負」を懸けることだと思っている。安全を確保していては本当の意味で変化することはできない。丁か半かの勝負を懸けなければ、大きな成果を得ることはできない。中西さんの指導を受けて変化することができたのも、それまでの実績を捨てて「ゼロベース」にすることができたからだった。

周りを見渡してみると、実績のない人ほど過去の小さな成功体験から離れられないように感じる。「この方法で成果を残してきたから」と過去の考え方にとらわれ、変化を恐れてしまうことが多い。

変化するべき潮目だと気付くことができるか。気付いたときに「ゼロベース」で勝負を懸けることができるか。それが成長の分かれ道になる。

ただ、**忘れてはならないのは変化の前には自己分析が必要ということだ。自分の力量がどれほどあり、何が不足しているのか。現状を分析できていなければ、変化しようにも回り道となってしまう。**

壁にぶつかっていた当時、中西さんという名伯楽に道を示してもらえたのは、大きな幸運だった。

実績のない人ほど
過去の小さな成功体験から
離れられないように感じる。
「この方法で成果を残してきたから」と
過去の考え方にとらわれ、
変化を恐れてしまうことが多い。
変化するべき潮目だと気付くことができるか。
気付いたときに「ゼロベース」で
勝負を懸けることができるか。
それが成長の分かれ道になる。

洞察 26 一つの転機が人生を変える

一つの転機が人生を大きく変えることがある。

2015年、2016年と史上初めて2年連続のトリプルスリー（打率3割以上、30本塁打以上、30盗塁以上、の全てをクリア）を達成したヤクルトの山田哲人にとっては、セカンドへのコンバートが転機になった。

2011年に大阪の履正社高校からドラフト1位で入団した山田は、当初はショートを守っていた。入団1年目の春季キャンプ初日。山田がキャッチボールをする姿を見て、これは少し時間がかかるかもしれないなと感じていた。当時は送球に技術的な問題を抱えていたからだ。

ボールを相手の胸に向かって投げる。キャッチボールというのは守備の基本動作である。兼任コーチとして指導する中で痛感したのは、ボールを投げられない選手はいくら守備の技術を練習しても上達しにくいということだった。それならば、守備の技術練習に入る前にとことんキャッチボールを練習させた方が良い。最近ではそう考えるようにさえなった。

ボールを投げられないという選手は、どうしても捕球をしてからの動作に不安を抱えてしまう。守備は捕球する、送球するという一連の動作の中で行われる。送球に精神的な不安を抱えたままプレーしていては、捕球にも悪い影響が出てしまう。

その例が、山田がセカンドとして試合に出始めた2013年6月9日の日本ハム戦（神宮）だった。チーム事情もあり、久しぶりにショートとして出場することになったのだ。当時はファーストに投げる距離がショートよりも短いセカンドにコンバートされたことで、送球にも安定感が出始めていた。

首脳陣としてはセカンドで自信を持ち始めたことで、ショートとしてもプレーできるようになったと考えたのだろう。城石憲之内野守備走塁コーチ（現日本ハム打撃コーチ）とは「やめた方が良い。また自信をなくしたらどうするんだ」と話していたが、チーム事情が優先されることになった。

試合が始まってすぐに、悪い予感は的中することになった。一回二死からの平凡なショートフライを山田が落球してしまったのである。普段なら簡単に捕れるはずのフライを落とすというのは、精神的な不安を抱えているからである。その後も悪送球を重ねて、1試合で3失策した。荒木貴裕も3失策して、2人で6失策という結果に、翌日は休みの予定だったのだが、守備の練習をすることになったのである。

この試合を機に山田はセカンドに固定され、今では守備もかなり上達している。ここ数年の活躍ぶりはご存じの通りだ。山田にとっては思い出したくない記憶だろうが、選手としては大きな転機となった試合といえるだろう。

必ずしも誰にでもこうした転機が訪れるというわけでないだろう。また、訪れた転機を生かしたのも山田の力といえる。**転機が訪れたときに、好機に転換することができるか。訪れた転機をつかむためには、地道な練習を積み重ねるしかない。**

野球教室でキャッチボールの重要性を教える際には「ヤクルトの山田哲人って知っているか？　すごい選手だぞ。でも、投げるのが得意じゃないと、守るところが限られてしまうから、あれだけ打てないと、試合に出られないんだぞ」と話すようにしている。

洞察27 配置転換を受け入れる

プロ野球の世界でも配置転換（コンバート）をされることがある。慣れ親しんだ場所から新しい場所への異動は、誰でも嫌なものだろう。私が配置転換（コンバート）されたのは38歳を迎える2008年のシーズンだった。ショートからサードに守備位置をコンバートされたのだが、嫌な経験として記憶している。

ショートというポジションには人一倍強いこだわりを持っていた。自分は打撃ではなく、守備を認められてプロになった選手だという自負があった。一番守備がうまい選手が守るショートから外れるということは、選手としての価値が下がることを意味していたからだ。

前年の12月、就任したばかりの高田繁監督（現DeNAゼネラルマネジャー）から「一度、食事をしよう」と声をかけてもらった。前年の大学生・社会人ドラフトでは鬼崎裕司（現西武）、三輪正義と2人の内野手を指名していた。正直なところ、ある程度はコンバートの話だろうと覚悟はしていた。

会食の席で高田監督からは「来年からサードを守ってもらうことを考えている。そのためにドラフトでショートを2人獲った。2人が使えなければ、当然ショートをやってもらうが、もし、うまくいったらコンバートを考えている。どうだろうか」という提案があった。

私がショートという守備位置にこだわりを持っているのは、高田監督も理解してくれていた。「おまえがどうしてもショートをやりたいと言うのなら構わない」と配慮をしてもらったが、私の答えは「監督にお任せします」というものだった。

コンバートを受け入れることができたのは「しようがない」と思えたからだった。40歳が目前となり、現役を続けるのはあと2、3年だろうと考えていた。現役の終盤に文句を言ってもめるのは嫌だった。

一方で、自分が指導者の立場になったときにコンバートの経験が役に立つだろうという考えもあった。**配置転換を拒否した人間が、指導者になってから部下に配置転換を指示しても言葉に説得力がない。**心情的には嫌だったが、将来的なことを考えれば配置転換を経験しておいた方がプラスに働く。

高田監督自身も巨人での現役時代にレフトからサードにコンバートされた経験がある。同じ内野手であれば時間があれば慣れることができるが、外野手が内野を守るのは並大抵のことではない。高田監督もチームとして必要な仕事と考えてコンバートを提案したはずだった。

私の後にショートを守ったのは日本ハムからトレードで入団した川島慶三（現ソフトバンク）だった。当時はチャラチャラした印象を抱いていたのでこちらからは何も言わなかったのだが、彼も気にしていたようだ。初めて食事をした際に「守備を教えてください」と頭を下げてきた。そこで、こう言った。

「教えるなら、厳しく接することになる。『やっぱりやめた』と言うのなら、この食事が終わるまでに言ってくれ。責めたりはしないから」

それでも川島は最後まで「教えてください」と言うので、翌日からは足の運びから教えるようになった。

嫌だったコンバートも今では感謝している。結局、２０１３年まで現役を続けることができたのは、肉体的に負担の少ないサードに配置転換されたおかげだったからだ。高田監督には選手生命を延ばしてもらったと思っている。

一般社会でも急な配置転換を命じられ、戸惑うことがあるのではないだろうか。愛着のある部署を離れることで、異動を命じた上司を疎む感情を抱くこともあるかもしれない。

ただ、組織の中で働いている以上、配置転換を拒否することに意味はない。**変化を受け入れ、新しい場所でどう成果を残していけるか。変化を続けられた者だけが生き残ることができる。**

洞察28 海外ではスタイルを変える覚悟を

海外で戦う上では、適応力の有無が鍵を握る。これを体現していたのが、楽天から米大リーグのヤンキースに移籍した田中将大だった。

2014年の移籍当初は大リーグのボールや、硬いマウンドへの対応が難しいのではないかと思っていた。その前年のワールド・ベースボール・クラシック（WBC）では日本代表のエースと期待されながら、活躍することができずに終わった。WBCで使用するのは、大リーグのボールを供給するローリングス社製のボール（日本のプロ野球はミズノ製）

である。縫い目が高く、滑りやすいのが特徴で、ボールの違いに順応できなかったのが原因と考えていたからだ。

ところが、キャンプ、オープン戦で不安を解消すると、開幕から連勝を伸ばした。一時は右肘の違和感で離脱したが、1年目から13勝5敗、防御率2・77の好成績を残した。もともと田中自身の適応力が高かったのか、今回身に付けたのかは分からない。ただ、新しい環境に慣れるために相当な準備をしたのだろう。前年に楽天でシーズン24勝0敗という記録を残しながら、日本でのやり方に固執せず、謙虚にメジャー流に適応した結果といえる。

来日する外国人選手にも同じことがいえる。日本人と積極的にコミュニケーションを取ったり、配球を研究したり、日本の野球に慣れようとする選手は成功することが多い。逆に「俺はこれでやってきたのだから」と自分のスタイルにこだわる選手は、結果が残せずに1年で帰国してしまう。

海外で成功するには、時には、これまでのスタイルを変える覚悟が必要なのだろう。

適応力という部分で、大リーグで苦しんでいるのが日本人内野手だ。バッティングもさることながら、守備で大きな壁に当たっている。肩や手首の強さという点では外国人選手に見劣りするため、ほとんどの選手が本来のポジションであるショート、サードから、よりファーストへの送球距離が短いセカンドに回される。そして多くのケースで、ヒザに選手生活を左右するような大きな故障を負ってしまう。

これはダブルプレーでベースを踏み捕球するとき、ベースの前で捕球するのが原因だ。右足でベースを踏んだ際に左足をスライディングされるから、体の構造とは逆の方向に曲がってケガをしてしまう。本職のセカンドはベースの後ろから左足で踏むので、スライディングを受けても転ぶだけですむ。そういう点で、守備が主体の日本人選手が大リーグで勝負したらどうなるのかという興味がある。

私自身、ＦＡ権を取得したときに一瞬だけ大リーグ移籍を考えたことがあった。知人の代理人には「バックアップだったら獲る球団がある」と言われたが、控えなら面白くないと思い、それ以上は考えるのをやめた。

実際に見た海外のショートの中で「これはかなわないな」と思ったのは2人だけだ。一人は日米野球で対戦したオマー・ビスケル。もう一人はキューバ代表のヘルマン・メサだ。メサは捕球してから投げるまでのタイミングが、どう考えても他の選手よりも速かった。なぜだろうと思って観察すると、捕球するときにすでに右足を引いて投げる体勢に入っていた。キューバの選手は幼い頃からでこぼこのグラウンドで練習するから、ハンドリングがうまい。一方のビスケルはキャッチボールでグラブの土手（手首付近）に当てて素早く投げる練習をしていた。私も真似をしてみたのだが、「できた」と思っても手首の部分が赤く腫れてしまった。

あくまで適応とは手段である。誰かを真似ることもその一環だが、自分が培ってきた技量を異なる環境でいかに発揮するかが重要だ。

洞察29 「欲」が変化の原動力

「きょうの反省点を言ってみろ」

「バッティングですか?」

「違う」

「守備ですか?」

「違う」

2014年のシーズン中、ヤクルトの山田哲人と電話でこんなやりとりをしたことがあった。8月31日の阪神戦(甲子園)だった。山田は一回に右中間寄りにヒットを打った。センターの福留孝介が半回転して打球を捕ったのだが、山田は一塁ベースを回ったところで止まり、二塁を狙う素振りさえ見せなかった。

その夜、山田に電話をして「一回はセカンドまで行けただろう。あの場面で(二塁を)

取る、取らないで試合展開は変わってくる。おまえはスーパースターになりたいんだろ？　だったら、打つだけじゃなくて走攻守やろ」と話したのだった。

山田は同年のシーズンに両リーグ最多となる193安打を放った。1950年に阪神の藤村富美男さんが記録した日本人右打者のシーズン記録（191安打）を64年ぶりに更新したのだという。

同年2月の春季キャンプで彼を見たときから、周囲には「山田は今年やるかもしれないぞ」と話していた。明らかに体つきが変化していたからだ。

入団3年目の2013年のシーズンには、94試合に出場して打率2割8分3厘の成績を残していた。ある程度試合に出場したことで、一軍でプレーする喜びを知ることができた。その上でプレーヤーとしてもっと高みに達したいという「欲」が強くなったのだろう。

今までは純粋に「有名になりたい」と話していた彼が、実際に一軍の試合に出る中で想像通りにできないことや、想像よりもできることを経験できたことが大きい。今の自分に何が足りないかを自覚してシーズンオフを過ごしたことが、一回り大きくなった体つきに表れていた。

技術面でいえば、2011年に履正社高校から入団してきた頃からスイングスピードが速く、インコースに強いという特徴があった。プロに入ってから練習を重ねる中でアウトコースも打ち返せるようになり、余裕を持って打席に入れるようになったのが大きい。

左足を高く上げてタイミングを取るのに、ステップ幅が小さいから体の軸がぶれない。軸がぶれないから、体勢を崩されても軸の中でボールを捕えることができる。山田の場合はバットから片手を離して泳いで打つようなシーンが少ないのも、軸がぶれていない証拠といえる。

打つ能力、走る能力に関していえば、私よりも断然上の素質を持っていた。だからこそ、**山田には打つことだけに興味のある選手になってはほしくない。**

64年ぶりに記録を塗り替えたのはもちろん素晴らしいことなのだが、チームは最下位に終わっているという現実がある。

山田はシーズン終盤になっても、1番バッターなのに制限をかけずに打たせてもらった。チームが優勝争いをしていれば、カウントによっては「待て」のサインが出ることもある。スリーボールからでも打ってよかったのは、ベンチが記録を配慮してくれていたからでもある。その点ではチームに感謝しないといけない。

どんな仕事であっても優れた成績を残すと周囲がチヤホヤし、厳しいことを言ってくれる人は少なくなる。環境に甘んじてしまっては、成長は止まってしまう。入団1年目のオフから自主トレに連れていった山田には「3年続けて成績を残して初めて一流やぞ」と言い続けてきたが、彼の胸にどう響いているだろうか。

もっと成果を残したいという「欲」を持ち続けることが、変化を続ける原動力となる。

洞察30 読書が教える先人の知恵

特に予定のない日には、書店に向かうことがある。自宅から歩いて通える場所にある、それほど大きくはない書店だ。

事前に目当ての本がないときには、ゆっくりと店内を歩いて回る。そんなときは大型書店より、小さな書店の方がいい。新刊コーナーや話題の本を集めた陳列棚に目をやりながら、気になった本を手に取ることが多い。

読書をするときにはジャンルにはこだわらないことにしている。例えば、最近手にしたのは2016年本屋大賞を受賞した宮下奈都さんの『羊と鋼の森』（文藝春秋）だ。小説を読むこともあれば、哲学系の新書を読むことも多い。

それほど読書家というわけではないので、読書について書くのは気恥ずかしいものがある。もともと、幼い頃から本に親しんできたわけではなかった。むしろ、読書は苦手だったといってもいい。少しでも内容が面白くないと感じると、途端に眠くなってしまうからだ。

それでも、意識をして本を読むようになったのは、日本プロ野球選手会の選手会長になった頃からだった。選手会の代表として経営者側と交渉をする場面が多くなった。ある程度は物事を知っておかなければ、スーツを着た経営者側と交渉することはできないと感じたからだった。

プロ野球選手は移動時間が長い。ベテランと呼ばれるようになると、20代のように移動時間全てを睡眠に充てることはできなくなった。時間を有効活用するためにも、本を読むようになっていった。

読書をするようになって思うのは、たとえ小説であったとしても、専門的な分野について入念に下調べをして書いているということだ。『羊と鋼の森』でのピアノの調律師の話なら、調律師の仕事や暮らしぶりが描かれている。物語を楽しむというだけでなく、自分が経験したことがない世界を知る楽しさがある。

知人に薦められた本を読むことも多い。ベストセラーになった『嫌われる勇気――自己啓発の源流「アドラー」の教え』と続編である『幸せになる勇気――自己啓発の源流「アドラー」の教えⅡ』（いずれもダイヤモンド社）は、引き込まれた作品だった。オーストリア出身の心理学者、アルフレッド・アドラーの心理学を対話形式で著した本だ。

「われわれは『これは誰の課題なのか？』という視点から、自分の課題と他者の課題とを分離していく必要がある」と、同書には「課題の分離」という言葉が出てくる。他者がどう評価するかは他者の課題であって、自分ではどうすることもできない。他者の期待を満たすために生きてはいけない。

こんな風に考えて生きられれば、どれほど楽になるだろうと思ってしまう。

「自由とは、他者から嫌われることである」という考えは一見冷たいようでいて、温かくもある。この2冊は翻訳版が海外でも売れているそうだ。

他に印象に残っている本といえば、日本航空名誉顧問の稲盛和夫さんが書いた『生き方――人間として一番大切なこと』（サンマーク出版）も胸に響くものがあった。

何気なく書店を歩く時間は、私にとって特別な時間となっている。

読書は学生時代に勉強をきちんとしてこなかった私にとっては、物事を知るための大切なツールだ。先人の知恵や同世代の言葉には、生きるヒントがあふれている。

洞察31　衰えを受け入れる

人間が勝てないものの一つに、年齢があるという。

どんな天才でも平等に年齢を重ねるし、体力はいつか衰えてきてしまう。

スポーツの世界では「自分で年をとったと思うようになったら、選手としては終わりだ」

と言われることがある。自身の肉体の衰えを認めることでモチベーションが下がり、自分自身で限界を作ってしまうからだろう。

とはいえ、この考え方は間違っていると思っている。

自分の年齢や加齢による衰えを受け入れなければ、何事も始まらない。

自分の置かれた状況をシビアに分析しなければ、衰えに対応することはできないからだ。

現役時代の終盤には、身体的な衰えを感じることがあった。三十代後半を迎えた頃のことだ。以前は打席でできていたことが、急にできなくなってしまった。

それまでは追い込まれてからは基本的には変化球をマークし、ストライクゾーンに来たストレートはカットしてファウルにできれば良いという考え方だった。

ところが、ストレートにスイングが間に合わなくなってしまった。特に体から遠い外角のストレートはスイングスピードが要求されるため、バットに当たらないことが増えた。

ショックだったが、受け入れるしかない。

そこで考えたのが発想自体を変えることだった。

追い込まれてからは来たストレートを右方向に打とうと意識する。そうすることで、ボールをとらえるポイントが捕手側に近くなる。ポイントが捕手側になったことで外角のストレートにも再び対応できるようになった。

引退したシーズンにも変化があった。

今までは反応できていた内角のストレートに対応できなくなったのだ。内角をしっかり見ようとするあまりに左肩が開き、トップの位置も浅くなってしまう。打てる球まで打てなくなるという悪循環にはまった。

そこで考えたのは、今度は内角のストレートを「捨てる」ことだった。

打てない球を追いかけるのはやめて、打てる球だけを待つ。時にはクローズドスタンスに構えて、内角のストレートを視界から消した。

これは思った以上に効果があった。

内角のストレートを視界から消したことで、打席でどっしりと構えられる。ボールが見えなければ、あっさりと見送ることができる。

相手バッテリーからすれば、「見極められているのではないか」と必要以上に考えさせられることになる。相手バッテリーとの心理戦でも優位に立ち、不振から脱出することができた。

ヒントをくれたのは2004年に三冠王を獲得した松中信彦（元ソフトバンク）の一言だった。

食事をしたときに「宮本さん、利き目は右目ですよね？　内角が気になり出すと、構えでも左肩が開くようになるから気を付けた方がいいですよ。年をとると、そういう傾向が出てきますから」と教えてくれた。

あまり一般的ではないが、目にも利き腕と同じように利き目がある。右打者の私が利き目の右目で内角のボールを見ようとするから、必要以上に左肩が開いてしまっていたのである。

さすが三冠王の観察眼は違う、とうなってしまった。

第4章

成長

成長する人、しない人の小さな違い

洞察32 戦力外と一軍定着にある意識の差

プロ野球の世界ではシーズンが終わると戦力外通告が行われる。球団に呼び出され、翌年のシーズンは契約しない旨を通達されるわけだ。

一つの球団の支配下登録選手は最大70人（育成選手を除く）と決まっている。誰かが入団すれば、一方で誰かが退団しなければならない。ドラフト会議で指名され、希望に目を輝かせる新人がいる裏では、厳しい現実を突き付けられてユニホームを脱ぐことになる選手も多い。

シーズンオフには12球団合同トライアウトが行われ、多くの選手が参加する。所属チームから戦力外を通告された選手たちが、現役を諦め切れずに新しい所属先を求めてプレーする。

翌シーズンの戦力になるのか、それとも構想から外れて戦力外通告を受けることになるのか。戦力か戦力外かの「境界線」を一言で表すのは難しい。ただ、一つの基準になっているのはチームにおける年齢のバランスと言えるだろう。

チームによって事情は異なるだろうが、球団の編成責任者は翌年のシーズンだけではなく、数年後のチーム作りも見据えて、各ポジションをバランスよく編成しようとする。実力では若手選手と同じレベルのベテラン選手が、年齢のバランスを考えて戦力外通告を受けることがある。

一方でまだ若い選手でも一軍で活躍できないと判断されれば、早い段階で戦力外となることがある（プロ野球の平均選手寿命は約9年で、平均引退年齢は約29歳とされている）。

「高卒は5年目、大卒、社会人は3年目」。入団してから一軍に上がるまでの猶予期間として、球界ではよく使われてきた言葉だ。高卒は入団してから5年目、大卒、社会人は3年目までに一軍に上がればいいという意味だが、私の感覚とは少し異なっている。

一軍で活躍する選手で入団から5年もたってから出てくる選手というのは、まずいないといっていいからだ。一軍でレギュラーとなるような選手は高卒でも3年以内に一度は必ず一軍に上がってくる。高卒であろうが、大卒、社会人であろうが、入団してから3年目というのが、見極めの基準になるといっていい。

ただ、ここで重要なのは3年が見極めの基準になるとはいっても、選手本人が「3年は球団が面倒を見てくれるだろう」と考えるのは間違った考え方だということだ。

高卒1年目の選手は1年間を下半身強化の時間に充て、二軍での試合の出場数も制限する。そんな育成プランを持つチームもあるだろうが、選手本人が「まだ1年目だ。今年は下半身強化に充てよう」と考えているようでは、あっという間に3年が過ぎ、戦力外通告を受けることになる。

逆に1年目から一軍に上がろうと本気で考えれば、今の自分に何が足りないかが見えてくる。その分、練習方法を考えるだろうし、もっと練習しようと思える。1日も早く一軍に上がって戦力になろう、レギュラーになろうと思えないと、ファームの環境に慣れて満足してしまうからだ。

現役時代、二軍暮らしが長い選手と話をしていたときに、こんなことを感じていた。

戦力外を免れることができても「来年こそ頑張ろう」と本気で前を向ける選手は少ない。ほとんどの選手は「助かった。あと1年やれる」と胸をなで下ろすだけだった。

まずは自分が組織の中でどの立場に位置しているのかを感じることだ。

その感性がなければ、戦力外を通告されて初めて自分に足りなかったものに気付くことになってしまう

洞察33 「狂気」「やんちゃ」は才能の一つ

プロ野球界には「投手型人間」と「野手型人間」がいるといわれる。

投手出身か、野手出身かによって、性格の傾向が異なるという考え方だ。代表的とされるのが自分本位で考える部分だろうか。一般的に投手出身者は、わがままだとされることが多い。

これには、競技の性質が関係しているのだろう。

野球は「受け身」が多いスポーツだ。打撃では投手が投げたボールを打ち、守備では打者が打ったボールを追う。ところが、投手がボールを投げなければ、プレーは始まらない。唯一、能動的な投手には自分本位な性格が多いといわれるゆえんだ。

しかしながら、私の実感としては「投手型人間」「野手型人間」という枠組みだけでは捉えられないと思っている。

2015年のシーズン終盤、ヤクルトの石川雅規が先発投手陣が不足した時期に中4日で先発して勝利したことがあった。年齢的に30代半ばとなり、回復力は衰える。体への負担を考えれば中5日、中6日と少しでも登板間隔を空けたいはずだが、首脳陣に「中3日でも投げます」と訴えたという。

投手出身者でも彼のようにチーム全体のことを考えている選手もいるし、一方で自分の打撃成績のことだけしか考えていない野手もいる。「投手型人間」「野手型人間」と一言でくくってしまうのは、いささか乱暴ではないだろうか。

ただ、成功した投手に共通しているのは、登板時には信じられないほどの集中力を見せるということだった。

ピンチの際、マウンドに野手が集まったときにはホームベースの方向を見て「よく外角低めだ、内角高めだと言って投げられるもんやな」と思ったものだった。打席から打者目線で見るストライクゾーンと、マウンドから投手目線で見るそれは全く違う。安打を許したら負ける、四球を与えたら試合が決するという場面でも、投手が投げなければプレーは始まらない。**ある意味で「狂気」とすら感じるぐらいの闘争心がなければ、長年プロの世界で成績を残すことはできない。**

クレバーな投球をするイメージがあるが、石川も然りだった。

ピンチになってマウンドに行った際、少しでも落ち着かせようと声をかけるのだが、何を言っても聞こえていないことがあった。

「無理をして勝負する場面じゃないぞ」と声をかけても、返事は「腕は振れていますか?」だった。極限まで集中しているときには、マウンド上で会話が噛み合わないことも度々あった。あの小さな体で活躍を続けているのも、闘争心の強さがあるからだろう。

石川とは対照的だったのが、抑えとして大リーグでも活躍された高津臣吾さん(現ヤクルト二軍監督)だった。

高津さんの場合は1イニングを3人で抑えるのではなく、最後にホームさえ踏ませなければいいという考えが徹底されていた。打線の後続を考えながら、アウトの確率の高い打者との対戦を選択する。ベンチに残っている代打要員まで計算していた。抑えという重圧がかかるポジションで、あれほどの冷静さを保てるのは信じられなかった。

チームに新しい選手が入ってきたときには、少し癖がある性格の方が期待できたものだ。少しぐらい生意気で「やんちゃ」と感じる性格の方が、選手として大成する可能性を秘めていると思うからだ。

洞察34 言い訳は進歩の敵

日本代表でキャプテンを務めたイメージが強いからだろうか、昔から優等生タイプだったと誤解されることが多い。

これは全くの勘違いで、アマチュア時代には叱られる機会も多かった。

以前、同志社大学での4年間が人生の転機だったと書いた（洞察❶）。中でもターニングポイントになったのは、1年生のときの出来事だった。

秋のリーグ戦の期間中だった。ある日、朝から小雨が降っていた。雨が上がった後もグラウンドがぬかるみ、しばらくは練習ができる状態ではなかった。

私と3年生の先輩が雨宿りをしながらふざけていると、4年生の先輩はグラウンドの周りを走っていた。

それを見つけた技術顧問の方に、「最後のシーズンに懸けようとしている4年生がいるのに、おまえらは何をやっているんだ」と大目玉を食らった。

反省文をレポートにして提出することになったのだが、今度はその反省文の内容で怒られることになってしまった。

当時の野口真一監督に呼び出され、こう言われた。

「おまえの文章は、言い訳ばかりじゃないか。男だったら男らしく、失敗を認めろ。失敗として認めるから、初めて成長できる。言い訳をしているうちは、同じことを繰り返すだけだぞ」

それまでは、失敗を認めるのは恥ずかしいことだとどこかで思っていた。自分ではそんなつもりはなかったのだが、何とか言い逃れをしようと反省文にも言い訳が並んでいたのだろう。

失敗は誰でもするもの。進んで失敗しようとする人間はいない。

だが、それを誰かや環境のせいにして逃げていたら、また同じことを繰り返してしまう。

失敗の原因を考えて、次への対策を見つけることが反省である。

「言い訳」と「反省」は似ているようでいて、全く違う。

失敗を失敗として認めて初めて、次に進むことができる。

実際、ヤクルト時代の野村克也監督もミーティングで「言い訳は進歩の敵」と話されることが多かった。

失敗を潔く認めることの大切さに早い段階で気付かせてもらえたのは、自分にとって大きな出来事だった。

大学の講演会に呼ばれたときにいつも話しているのだが、在学中に20歳を迎える大学時代は成長過程においてとても大切な時期だと思っている。罪を犯したら実名で報道されるようになるわけで、社会的な責任が増す。

一方で多くの学生は親に学費や生活費を負担してもらっている。社会的には成人として認められるが、金銭的には親の庇護下にあるわけだ。

ましてや周囲にはお酒やたばこ、遊びといった誘惑がたくさんある。いくらでも逃げ道がある中で、自分をコントロールする術を身に付けなければならない。

そういった意味では、自分は高校卒業後に大学、社会人を経たことが19年間のプロ生活に大きく役に立ったと思っている。さまざまな苦労から学ぶことがあったからだ。

大学で野口監督という指導者に出会えたのは、今思い返しても幸運なことだった。

「言い訳」と「反省」は
似ているようでいて、全く違う。
失敗を失敗として認めて初めて、
次に進むことができる。

洞察35 上達に近道なんてない

全国各地で野球教室をやっていると、生徒や指導者の方から「野球が上達する近道を教えてください」と聞かれることがある。

冷たく聞こえるかもしれないが「上達に近道なんてない」というのが私の答えである。

ほとんどの人が、できるだけ無駄を省いて合理的に物事を運ぼうと考える。誰だって回り道はしたくないし、努力は最小限に抑えて良い結果につなげたいものだ。上達への近道を知ろうとするのは、当然のことだともいえる。

ところが、こうして合理性ばかりを求めていると、弊害が出るケースが多い。

19年間の現役生活を経験した中で、一つ言えることがある。**物事の結果をコントロールすることはできないが、プロセスはコントロールすることができる**ということである。

野球は団体競技であり、相手があって初めて成立するスポーツだ。試合ごとに相手チームとの勝敗が決まるし、打席ごとにも相手投手との対戦結果が出る。当然、相手の調子やプレーを自分でコントロールすることはできない。個人のタイムや成績を競う競技とは違い、どれだけ準備を重ねたからといっても、必ずしも良い結果につながるとは限らないのである。

相手がある以上、結果に至るまでの準備までしか、自分ではコントロールすることができない。言い換えれば、大切なのは結果ではなく、どういった準備をしたかというプロセスだともいえる。どんな世界にも通じる部分があるのではないだろうか。

こうしてプロセスを重視して取り組んでいくと、無駄なことがたくさん出てくる。特に初めの頃は、無駄ばかりと感じることさえあるだろう。

ただ、**この一見無駄に見えることが、必ずしも無益だとは限らない。失敗を重ねる中で、当時の考え方は正しくなかったのだと反省したり、アプローチの仕方を変えてみようという新しい発想が生まれることもある。**

結局は無駄なことを経験してきたからこそ、次からは無駄を省けるようになる。無駄なことが、無駄だと気付くことができる。無駄を重ねることが、本当の力を身に付けることにつながると思うのである。

個人だけでなく、組織の場合でも同じことがいえるのかもしれない。例えば野球では、好投手を攻略するために、チーム方針として早いカウントから積極的に打とうという指示が出る場合がある。

これまで何度も対戦し、幾つか別の対策を試した上での積極策なら問題ないだろう。追い込まれてからでは分が悪いというデータが残っていて、リスクを負った上で積極的にいくのなら納得できる。

ところが、はなから打てないだろうとか、追い込まれてからでは粘れないだろうからというような安易な発想だけでは、積極性とは呼べない。積極性の良い面と淡泊さは隣り合わせだ。プロセスを欠いてしまっては、ただの淡泊な打撃に終わってしまい、次につながることもない。

無駄が無駄で終わらないときがある。冒頭の質問に戻るのなら、**「回り道が近道」ともいえるかもしれない。**

洞察36 本番に強い選手、弱い選手

第2章ではプレッシャーとの付き合い方について触れた。プロ野球選手にも「本番に強い選手」「本番に弱い選手」の2通りがいる。

練習では素晴らしいプレーを見せるのに、試合になると実力通りの結果が出せない。ブルペンではエース級のボールを投げることができるのに、マウンドでは別人のようになってしまう投手もいる。

現役時代、年下の選手に「試合で緊張してしまって、持っている力が出せない。どうすればいいんでしょうか?」と相談された時には「手っ取り早いのは、そら、すごくなることだよ」と答えていた。

厳しい言い方に聞こえるかもしれないが、緊張した状態でも相手を圧倒できるぐらいの実力を身に付けるのが、プレッシャーを克服する王道だといえるからだ。

例えば10の力量があったとしよう。本番になると緊張して6か7の力しか出せないのであれば、実力を15まで伸ばすように努力すればいい。実力が15になれば、プレッシャーを受ける場面でも10の力が出せるようになる。あるいは11、12の力が出せるようになるかもしれない。

第2章ではプレッシャーとの付き合い方として、準備を整理立てるアプローチの方法も書いた。考え抜いて準備を整理立て、それでも本番で結果を残せないのならば、練習を重ねて実力を上げるしかない。

プレッシャーを克服する一番の方法は、実力を上げることなのである。

間近で見ていて「本番に弱い選手」に共通していると感じるのは、試合に通じる練習をしていないということだった。例えば、打撃マシン相手の打撃練習では素晴らしいスイングをするのに、試合になると自分のスイングができなくなってしまう選手も多い。

理由は簡単だ。打撃マシンは一定の球速のボールしか投げてこない。プロのレベルの選手が打撃マシンを相手に打てば、ほとんどがバットの芯に当たるのは当たり前だ。ところが、実際の試合では同じ球速、軌道のボールが来るわけではない。本番を想定した練習をしていないから、実際の投手が投げるボールに対応することができない。

例えば、練習から「変化球が来るだろう」と準備をした状態で「真っすぐが来た」と直球を打つ練習をする。あるいは、打球の方向を決め、引っ張らずにセンター方向に打つ練習をする。同じ練習時間の中でも、工夫のしようはいくらでもあるのである。

逆に「本番に強い」といわれる選手には、頭が良いと感じさせられる選手が多い。最近でいえば、阪神の福留孝介だろうか。大リーグのシカゴ・カブスなどでも活躍した福留だが、40歳となり、全盛期に比べれば力は落ちているはずだ。

ところが、２０１６年シーズンには打率3割1分1厘をマークするなど、試合を決める局面での活躍が目立った。今まで積み重ねてきた練習と、この場面、このカウントでは、この球種が来るとヤマを張る胆力に長けているからだろう。その証拠にヤマが外れたときには、平気で見逃し三振をしてベンチに帰ることがある。

試合を左右する場面では、ヤマを張れる選手が強い。来たボールに対応するタイプの選手は、予想通りの結果を出せることが多いからだ。

洞察37 スランプの唯一の克服法

スポーツ選手は時として壁にぶつかることがある。望んでいる結果を試合で残せない、失敗が続くといった期間が続いて、精神的にも参ってしまう状況に陥る。

こういった精神状態になるのは、スポーツ選手だけではないだろう。どんな仕事をしていても、壁にぶつかることはあるはずだ。

「スランプ」という言葉がある。

不調が続いている選手に使われることが多いが、**私はこのスランプという表現を、プロに入ってからは一度も使ったことがなかった。**これには、父の教えが影響している。

小学校高学年の頃のことだ。スランプという言葉を覚えたてのときに、試合でヒットを打てないことがあった。「ああ、スランプだ」と何げなく漏らすと、普段は優しい父に叱責された。

「スランプというのは、プロの一流選手が使う言葉だ。おまえが打てないのは、ただ下手くそなだけだろう」と言うのである。

それからは、一度もスランプという言葉を使ったことがなかった。「調子が悪い」と嘆くことはあっても、スランプという表現は絶対に使わないようにしようと決めていたわけだ。今になって振り返ると、とても素直な性格だったのである。

スランプを克服するには、どうすればいいのだろうか。

講演などでも質問されることが多いテーマだが、答えから言ってしまえば**スランプ克服法なんてないと思っている。結局は苦しい状況を突き詰めるしかないからだ。**

野球選手で言えば、スランプは選手として上達するときに直面する壁と言い換えることができる。

上達するためには壁を避けて通ることはできない。

気分転換で逃げようとする選手は、いつかまた同じ壁に出くわすことになるからだ。

もちろん、不調の時期が永久に続くわけではないから、何かの拍子で一時的に調子が上向くことはあるだろう。

だが、また同じ壁にぶつかったときに「前に見た壁だな」と気付くことになる。

私も何試合も安打が出ないときに気分転換をしようとしたこともあるが、頭のどこかで野球のことが気になってしまった。せっかく気分転換をしようと遊びに行っているのに、全く面白くないのである。

調子が悪いときには、遊んでいる暇はない。なぜ結果が出ないのかを考えて、練習に打ち込む。

スランプは選手としてレベルアップするチャンスともいえるのだから、耐えて、立ち向かうしかないのである。

一つ気を付けたいのは、失敗する方法を続けていてはいけないということである。続けて結果が出ないのであれば、方法自体を疑い、違うアプローチを試みなければならない。間違った方法を続けていては、深みにはまることになってしまう。

不思議なもので失敗は次の失敗を連れてくるものである。

犯したミスをすぐに取り返そうとすると、必ず大きな失敗につながる。エラーをした内野手が、間に合わないのに一塁に投げて悪送球になるというのは、よく見る光景だろう。

失敗には必ず原因がある。失敗の原因を考えて取り除かなければ、同じ失敗を犯すことになる。

スランプは
選手として上達するときに直面する
壁と言い換えることができる。
上達するためには
壁を避けて通ることはできない。
耐えて、立ち向かうしかない。
気分転換で逃げようとする選手は、
いつかまた同じ壁に出くわすことになる。

洞察 38

有言実行にこだわってはいけない

現役時代の私はシーズン前に抱負を聞かれると「チームで優勝したい」と答え続けていた。とりわけ、チームの中心選手と呼ばれる立場になってからは「打率3割以上を打ちたい」「ゴールデングラブ賞を取りたい」といった個人的な目標を公言することは、ほとんどなかった。

シーズン終了後に行われる契約更改後の記者会見では、次のシーズンに向けた目標を聞かれることが多い。メディアに求められる形で「来シーズンは本塁打を増やしたい。そのためにシーズンオフの間に体重を何キログラム増やそうと考えている」「2桁勝ちたい。そのためにキャンプでは新しい変化球を覚えたい」と、目標を公言する選手が多いのも確かだ。

周囲に目標を公言する。これ自体は決して悪いことではない。誰だって目標を達成できないときに笑われるのは嫌だから、一生懸命に練習するだろう。目標を公言することで、突き詰めて取り組むことができるようになることだってあるだろう。

だが、**周囲に目標を公言することで、柔軟性が失われてしまう可能性がある。**

周囲に目標を公言したが、目標やそこに至るまでの方法論が間違っていたとする。それならば前言を撤回できればいいのだが、中には「公の場で言ったからには、とりあえずは取り組まなければならない」と思考を停止してしまう選手もいることだろう。これでは、回り道になってしまう。

自分が皆の前で発言したからには、責任を持って成し遂げなければならない。

もちろん、有言実行は素晴らしいことではある。しかし、その思いに縛られ過ぎると、間違ったと気付いても思考が停止し、極端な回り道をしてしまうことになりかねない。

成長していく過程では、臨機応変さというのが重要になるのである。木に例えるなら軸となる根と幹があって、枝葉の部分は臨機応変に変えていくというのが理想だ。

自分の中に確かな目標設定があり、そこに至る段階として課題をクリアしていこうという気持ちがあればいい。

周囲に目標を公言することで、柔軟性が失われてしまっては元も子もないのである。

私も若い頃は「打率3割を打ちたい」と目標の数字を設定することがあったが、ベテランと呼ばれるようになってからは、本当にチームとして優勝したいという思いだけだった。優勝ができないのなら、何とか3位以内に入って一発勝負のクライマックスシリーズを勝ち抜きたかった。

あえて目標設定をしていたとすれば、年俸として2億円を稼いでいたとしたら2億円分の働きをしなければいけないとは考えていた。

シーズンが終わって最終成績が出たときに、年俸に見合った（あるいはそれ以上の）数字を残していれば翌シーズンの年俸が上がる。逆に年俸に見合った成績を残せていなければ、翌シーズンの年俸は下がってしまう。

例えば、年俸5億円を稼いでいる選手が打率3割、20本塁打を打ったとしても、それは当たり前のことなのである。5億円をもらっていたら、5億円分の仕事はこなさないと評価はされない。

洞察 39
結果が出ないのは努力不足か

プロ野球の世界では、素質や能力を高く評価されてドラフト1位で入団したものの、一軍で目立った成績を残せずに戦力外になってしまう選手がいる。一方で、ドラフトでは下位指名で入団したのに、結果を残し続けて一流と呼ばれるようになる選手もいる。

一般的に前者は「努力をしなかった」と評価されるだろうし、後者は「努力をした」と表現されることが多いだろう。

ビジネスの世界でも、同じではないだろうか。ほとんどの会社では入社試験や面接を通過して入社する。入社の段階では、ほとんどが素質や能力を認められているはずなのである。ところが、数年もすると結果を残せる人と、結果を出せない人に分かれてしまう。

それでは、結果を出せなかった人が全く努力をしていなかったのかといえば、そうとも限らないだろう。

実際、私と同じくらいの練習をこなしていたのに、二軍暮らしから抜け出せなかった選手もいたはずだ。一般社会でも時間をかけて努力したのに、努力に見合った結果が伴わないケースもあるだろう。

むしろ、それほど努力をしていなかった人の方が、努力をしていた人よりも好結果を出すことだってあるかもしれない。

努力と結果は必ずしも結び付くわけではない。なぜなのだろうか。よくよく観察すると、それは正しい努力をしているのか、それとも間違った努力を続けているのかということなのである。

兼任コーチをしていた際、ヤクルトの選手数人にこんな質問をしたことがあった。

「ゴロを捕球するときには、バウンドのどこ（の段階）で捕ったらいいと思う？」

放物線を思い浮かべてみてほしい。一度、地面でバウンドしたボールはあるところまでは上昇し、また地面に向かって下降を始める。バウンドの「上がり際」で捕るのか、それとも、バウンドの「落ち際」で捕るのかの二択なのである。

捕球する際の正解は「上がり際」である。野球用語で言えば、ゴロはショートバウンドで捕るのが、正解なのだ。

なぜならショートバウンドで捕ろうとすれば、グローブを立てて捕ろうとしなければならないので必然的に捕球面が大きくなる。さらには、前進して捕球することにつながる。結果的に、下半身を使って投げる動作にも連動するからである。

ところが、くだんの質問に対しての答えを聞いて、驚いてしまった。

何年も野球をやってきたプロ野球選手、それも一時期はレギュラーを張っていた選手の中にも「落ち際」と答える者がいたのである。

「落ち際」で捕球しようとするとグローブが寝ていてもいいし、打球が来るのを待って捕った方が捕りやすくなってしまう。当然、下半身を使って投げる動作には連動しない。それでは、いくら練習を重ねても上達するはずがないのである。

努力にも正しい努力と間違った努力がある。

努力の方向性を誤ってしまっては、努力を重ねれば重ねるほど求める結果からは遠のいてしまう。努力の方向性だけは、見誤らないようにしたい。

努力と結果は
必ずしも結び付くわけではない。
それは正しい努力をしているのか、
それとも間違った努力を続けているのか、
ということなのである。

洞察 40

マイナス思考は悪くない

人は物事をポジティブな方向に考えるプラス思考の性格と、ネガティブな方向に捉えるマイナス思考の性格とに大別できるという。

私はといえば、紛れもなくマイナス思考の性格である。現役時代に選手としてプレーしていたときにも、あるいは普段の生活を送る中でも、最悪の事態を想定して行動することの方が多い。

世の中には「マイナス思考の自分を好きになれない」「ネガティブな思考を克服して、ポジティブな思考になりたい」といった悩みを抱えている人も多いそうだ。

しかしながら、マイナス思考自体は悪いことではないと思っている。

物事というのは、もちろんうまくいくことをイメージしなくてはいけないが、基本的には思い通りにならないことの方が多い。どんな仕事をしていても、思い描いた通りになることは少ないはずだ。にもかかわらず、ポジティブな面ばかりを考えてしまうと、ネガティブな面が現れたときに対応が遅れることになる。

野球を例に取るなら、投手の継投策が分かりやすいだろうか。試合終盤に僅差で勝っている場面では誰であってもセットアッパー、抑えと役割通りに継投していきたいものだ。ところが、そううまくいくとは限らないものだ。期待して送り出された投手が打ち込まれ、試合をひっくり返されるケースを何度も見てきた。

監督や投手コーチといった立場では、継投で送り出す投手に期待する一方で、常にうまくいかなかった場合も想定しておかなければならない。石橋をたたいて渡るという言葉があるが、最善と思えるプロセスを積み重ねていくしかないのである。

その意味ではポジティブな面を考えるプラス思考より、最悪の事態を考えるマイナス思考の方がリスクを管理できるといえる。名将と呼ばれる指導者にマイナス思考の性格が多いのも、うなずけるはずだ。

一方、選手目線でいえば、マイナス思考を積み重ねることでプラス思考に変えることができるといえる。

２０１５年のラグビーワールドカップで優勝候補の南アフリカ戦に勝利した日本代表を変えたのが、エディー・ジョーンズヘッドコーチの過酷な長期合宿だったと聞いた。従来は体力勝負では世界に勝てないと決め付けていたが、世界標準のパワーがなければ同じ土俵に立てないと、徹底的にフィジカルを鍛えたのだという。

「これで大丈夫だろうか」「もっと鍛えた方がいいのではないか」というマイナス思考で準備を重ね、試合では「これだけやったのだから」とプラス思考に変えていく。マイナス

思考を積み重ねて最後にプラス思考に変えるのは、準備として正しい順番だといえる。

私の経験でいえばＰＬ学園高校でのシートノックがそうだった。

「送球が逸れて（一塁を守る）先輩の手が少しでも伸びたらまずい」

「エラーをしたらチーム全体の雰囲気が悪くなってしまう」

練習でのシートノックは、試合で打球を処理するよりも緊張したものだった。

毎日厳しい環境の中で練習を重ねていたから、試合での緊張は感じなかった。

マイナス思考を積み重ねることで、最後には「あれだけ厳しい練習をこなしたのだから」とプラス思考に変えられるのである。

洞察41 鍛えるべきは「体・技・心」

人間にとって大切な三つの要素として「心・技・体」という言葉がある。

精神力、技術力、体力を表す言葉で、スポーツや武道の世界で使われることが多い。「心・技・体がそろって初めて力を発揮できる」といった表現を、一度は耳にしたことがあるはずだ。

それでは「心・技・体」のどれから鍛えていけばいいのだろうか。私は順番が異なると考えている。並べ替えるのなら「体・技・心」の順番になる。もう少し細かく分類するのなら、「心（半分）・体・技・心（残り半分）」の順番になると思っている。

最初に来る「心」は志や熱意のことだ。例えば野球選手であれば「野球がうまくなりたい」とか「将来はプロ野球選手になりたい」といった根底にある情熱、熱意のことを指す。ビジネスマンなら「任された仕事で大きな成果を挙げて評価されたい」、学生であったら「第1志望の会社に就職したい」といった志を抱くことだろう。

そうした志や熱意が強ければ強いほど、「体」を作るための厳しい練習や訓練にも耐えることができる。初めに来る「体」を作る上での「心」と捉えていただきたい。

では、**なぜ「体」が「技」や「心」よりも先に来るのかといえば、技術力や精神力は体力が基本になっているからだ。**

「体」とは簡単に言えば丈夫な体のことである。そもそも丈夫な体が備わっていなければ、高度な技術を身に付けようとしても体力が持たない。ここでいう「技」とは、簡単に身に付く技術のことではないからだ。

一つの世界で生き抜いていくためのセールスポイントや、強みになる技術力を身に付けるのは、並大抵のことではない。どんなに志を抱いていても、丈夫な体を備えていなければ体が持たない。

それこそ、無理を続ければ故障にもつながってしまうだろう。丈夫な体があるから、高いレベルの技術が習得できるし、強い精神力を発揮することができる。どんな職業でも、仕事をしていく上で体力は必要だろう。

さて、野球の世界で突き詰めて考えていくと、基本になる「体」が丈夫で強く、速く、大きくなれば、目指す「技」の方向性が見えてくる。

強さ、速さ、大きさというのはいずれも重要な要素であり、それぞれをレベルアップさせていくことが大切だが、なかなか理想通りにはいかないものだ。

だからこそ、自分の武器になる部分を鍛えようとするし、弱点を補おうとする。「技」を習得していく上での方向性を見極めるためにも、「体」が重要になってくるのである。

言うまでもなく、「体」は「心」にも影響する。体力に余裕があれば、さまざまな場面で余裕が生まれ、新しい発見にもつながる。限界まで疲れて練習をするよりも、体力のゆとりと目的意識を持って練習をする方が技術も身に付くのは明らかだろう。

「体」「技」の順番に鍛えていけば自ずと「心」も強くなっていく。

そうして「体・技・心」がそろうのである

洞察42 集中力の鍛え方

集中力とは何だろうか。

どんな小さな子供でも、集中力はある。目の前の玩具に集中して、飽きずに遊び続けることもあるだろう。ただ、小さな子供の場合には長続きしない。ひとたび関心を失うと、たちまち集中できなくなってしまう。文字通り、玩具を放り出してしまう。

どうやって集中力を鍛えていけばいいのだろうか。

一つには、毎日何かを継続することが大事なように思える。例えば腹筋を鍛えるにしても、飽きずに続けることが重要になる。最初は5分しか集中できなかったのが、15分集中できるようになり、次第に30分、1時間と集中して鍛えられる時間が延びていく。こうした訓練が、集中力を高める土台になる。

恥ずかしい話だが、私自身、野球以外には全く集中力がなかった。勉強にも集中力を向けられれば良かったのだが、授業中は教師の声がほとんど耳に入ってこなかった。やはり、好きなことだから集中できるという面はあるのだろう。

何をやるにしても、目的意識を持って取り組むのと、漠然と取り組むのとでは、集中力に差が出るのは当然のことだ。例えばバッティング練習一つを取ってみても、打撃フォームの改善したいポイントを意識して振れば、自然と1球1球に集中する。今のスイングは悪い癖が出ていたな、今のスイングは良かったと考えを巡らせるようになる。

一方でただ気持ちよくバットを振っているだけでは、集中力が高まるはずもない。

プロ野球の世界では、素質がありながら、集中力が持続しないために定位置をつかめない選手もいる。そういった選手は、おしなべて好不調の波が激しいものだ。集中しているときにはチームを助けるような素晴らしいプレーを見せるが、集中力を欠いたときはチームの足を引っ張る凡ミスを犯す。だから、首脳陣からの信頼を得ることができず、定位置をつかむことができない。

ただ、こういった選手は思いがけない集中力を発揮することがある。

チームが不調のときは、選手全員の調子が悪くなる傾向があるが、時としてこういった選手が流れを変えるプレーをすることがある。指導者にとっては使い方が問われるタイプの選手ともいえるだろう。

集中力が高い選手といって真っ先に思い浮かぶのは、プリンスホテルの先輩に当たる小川博文さん（現DeNA一軍打撃コーチ）だ。

一緒にプレーはしていないのだが、プリンスホテル時代には「九回の小川」と呼ばれていたという。九回にビハインド、あるいは同点という場面では大げさではなく打率10割だったという。劣勢の場面では「小川に回せ」と言われていたという話を何度も聞かされていた。

印象に残るのは1995年のヤクルトとオリックスとの日本シリーズ第4戦(神宮)だ。オリックスに在籍していた小川さんは、九回に完封目前の川崎憲次郎から同点本塁打を放ち、オリックスがヤクルトに逆転勝利した。

入団1年目だった私は途中出場で二塁を守っていたのだが、打たれた瞬間に「九回の小川」というフレーズを思い出していた。

洞察 43 洞察力の鍛え方

この書籍のタイトルにもある「洞察」という言葉を辞書で引いてみると、「鋭い観察力で物事を見通すこと。見抜くこと」とある。

チームにおいて脇役だった私が19年にわたって現役を続けられたのは、相手を知り、自分自身を知ることに努めたからだと書いてきた。では、どうすれば洞察力を鍛えることができるのか。

現役時代、楽天との交流戦で、ＰＬ学園高校の後輩でもある松井稼頭央と打者走者が見えるかどうかの話をしたことがあった。

雨が降るＫｏｂｏパーク宮城の試合でのことだった。当時ヤクルトのラスティングス・ミレッジがショートゴロを打った際、打席で足を滑らせて転んでしまった。

ショートを守っていた松井は、ボールをグラブに当ててはじき、一度は一塁に投げるのを諦めてしまった。ところが、ボールを拾ったときに打者走者のミレッジが走っていないのに気付き、慌てて一塁に投げたが、結果はセーフになった。

私がショートを守っていた感覚でいえば、ボールを追っていながらでも「打者が転んだ」と気付くはずである。翌日、試合前の練習中に松井にその話をすると、驚いた顔をされた。

「ウソでしょう。（打者走者が）見えるわけがないじゃないですか」

「いや、見えるやろう」

読者の方にも試してもらいたいのだが、真っすぐに前方の一点を見詰めていても、前方の周辺は視界に入る。たとえボールを追いかけていたとしても、打者走者の進み具合は視野に入るはずなのである。足の遅い打者であったり、一生懸命に走っていないのが見えたりしたときには、ゆっくりと捕球してから投げても間に合うという話をした。

すると今度は神宮での楽天戦で、ヤクルトのバッターの打った球が詰まって高いバウンドの打球になった。さほど足の速くない打者だったのだが、松井が前進してきてはじいてエラーしてしまった。

翌日の練習中、松井に「この間、言っただろ」と言うと、「絶対に言われると思ったんです」と苦笑いしていた。

内野手は視界を広く保たなければいけない。特にショートを守っているときには、視野を広く保とうとしていた。打者はもちろん、セカンドランナーがちょっとした動きを見せたときにも、視界の隅で捉えておかないといけないからだ。

こうした感性は、日々の生活の中で養われると考えていた。

「この人は今、何を考えているのだろう」

「今の表情はどんな心理からきているのだろう」

このように目の前にいる人の表情一つ一つを観察していた。

例えば、脱いだ靴の並べ方一つ取っても、選手の性格が透けて見えることがある。「あいつは面倒くさがりな性格だから、脱いだ靴をそろえて置かないはずだ」と思っていたら実際にそうなったこともあった。

こうした感性が仕事につながるのは、どの世界でも同じではないだろうか。

洞察力につながる感性は、日々の生活の中で養われるはずである。

洞察力は、
日々の生活の中で養われると考えていた。
脱いだ靴の並べ方一つ取っても、
選手の性格が透けて見えることがある。
「あいつは面倒くさがりな性格だから、
脱いだ靴をそろえて置かないはずだ」
と思っていたら
実際にそうなったこともあった。

洞察44 質の高い睡眠が集中力を高める

睡眠に関する書籍が売れているそうだ。深く眠り、心地よく目覚めることができれば疲労を回復できる。世界的に見ても睡眠時間が短いといわれる日本人は、質の良い睡眠を取ることに興味があるようだ。

自慢ではないが、私はいつでも眠ることができる。睡眠について悩んだことは、これまでに一度もないといっていい。「昨日は考え事をしていて寝付けなかった」といったような話を聞くと、不思議でしょうがなかった。

どんなに大きな問題を抱えているときでさえ、就寝する時間になれば自然と寝付くことができた。不振で食欲が落ちていようとも、布団に入って目を閉じているうちに気が付けば朝を迎えている。切り替えが早いというよりは、純粋に睡魔の方が勝ってしまうわけだ。

以前、原辰徳さん（前巨人監督）の著書の中で、東海大学などで監督を務めた父親の原貢さんから**「悩み事や考え事は、布団の中で考えてはいけない。暗い中で、良い案は浮かばない。電気をつけて部屋を明るくし、いすに座って考えなさい」**と助言されたという話を読んだことがある。素晴らしい言葉だと思うと同時に、私の場合は別の意味でも布団で考え事をしてはいけないと思ったほどである。

いつでも寝られることは有利に働いたといえる。プロ野球は移動時間が長いからだ。セ・リーグでは東京から広島まで、新幹線で4時間かけて移動した後に試合をすることがある。若い頃には東京駅で乗ってすぐに眠りにつき、気付けば広島駅に到着していたということもあった。宿舎としているホテルから球場までバスで20〜30分移動するというときにも、すぐに眠ることができた。わずかな移動時間でも睡眠に充てることができるかどうかは、試合でのパフォーマンスや集中力に影響する。

睡眠で心掛けていたのは、睡眠時間を確保することだった。必要な睡眠時間は年齢や性別、基礎代謝量などで個人差があるそうだが、私の場合は8時間は眠るようにしていた。

例えば遠征先でのナイター後は、食事を終えてから午前1時か2時過ぎに就寝することになる。若い頃は翌日の午前9時頃から指名練習があったため、睡眠時間が8時間に満たないことがあった。

そんなときは練習に参加し、ウエートトレーニングから帰ってきた後に、球場に向かうバスの出発時間までホテルの部屋で眠るようにしていた。昼食はコンビニエンスストアで買ってきた弁当をかき込んだ。ホテルの昼食会場が開く時間まで待つより、睡眠時間を優先したかったからだ。

40歳を迎える頃からは、練習後の昼寝も取り入れるようになった。試合前のミーティングが始まるまでの空き時間に10分、15分でも仮眠を取るのである。ミーティングや試合に集中できるという意味でも、昼寝には効果を感じていた。

私以外でよく眠るといえば、ヤクルトに同期入団した稲葉篤紀（日本代表監督）だった。まだ広島市民球場が使われていた時代、宿舎のホテルから球場まではバスで5分ほどの距離だった。さすがの私も眠らなかったのだが、横を見ると稲葉は寝息を立てていた。

洞察45 チームに必要な個人の自主性

言うまでもなく、野球は団体競技である。チームには監督が決めた方針があり、場面によっていくつかの決め事がある。団体競技である以上、決め事が失われてしまってはチームとしての機能は失われる。

一方で、そうした決め事を超えた個人の自主性がチームを動かす力になる場合がある。

１９９３年の日本シリーズ第7戦で古田敦也さんが見せた「ギャンブルスタート」は有名だが、私もベンチからの指示に反して動いたことがあった。

日本一になった１９９７年のことだった。巨人戦の試合終盤でピンチを迎え、ショートを守っている場面で、ベンチからは「三遊間を締めろ」という守備位置の指示が出ていた。

だが、自分の判断で二遊間を締め、センター前に抜けそうな打球を捕球してアウトにしたことがあった。投手が投球モーションに入ってから、徐々に守備位置を変えていった。二遊間に寄っていなければ、捕球できない当たりだった。

投手は左の加藤博人さんで、打者は右のペドロ・カステヤーノだった。過去のデータ上では確かに三遊間への打球が多かったのだが、その試合での加藤さんの投球内容とカステヤーノのスイングのタイミングを見ると、引っ張った打球が三遊間に飛んでくるようには思えなかった。外野も極端な前進守備は敷いていない。打球がレフト前に抜ければ本塁での勝負になるかもしれないが、センター前に抜けたら1点は覚悟しなければいけないという理由もあった。

当時の内野守備コーチは現役時代に名ショートとして鳴らした水谷新太郎さん（現ヤクルト二軍チーフ兼内野守備走塁コーチ）である。ベンチからの指示を無視した私の動きには気付いていたはずだが、ベンチに戻ると「ナイスプレー」と声をかけてもらった。

1997年は入団して3年目のシーズンだった。過去2シーズン、時間をかけてベンチとの信頼関係を築いていたから、許されたプレーだったといえる。

自主性が生まれるのは、どういった瞬間だろうか。

正直、自主性という言葉の定義がよく分からないというのが実感だ。ただ、個人として自主性が生まれるためには、段階を踏むことが重要だと感じている。

例えば、高校や大学から入ってきたばかりの選手に最初から自由だけを与えてしまっても、プロの世界で戦っていくことはできない。プロの世界で戦っていくための練習方法を学習したり、選手として目指すべき方向性を強制されたりする期間が必要だろう。

そうしてしばらく経験を積み、ある程度の技術や考え方が身に付いてきたら、今度は強制されるだけでは選手として次の段階には進めない。

自分で考えることを学ばなければ、変化していくことができないからだ。

自主性が生まれたのを感じたといえば、2015年シーズンのヤクルトの川端慎吾がそうだった。2006年に市立和歌山商業高校から入団した頃から打撃技術には目を見張るものがあったのだが、故障が多く、シーズンを通して出場することができないという弱点を抱えていた。現役時代から川端には「中心選手は少々の痛みがあっても休むな」と話し続けてきたのだが、2015年のシーズンは試合がない日には自主的に治療院に通って体のケアに努めていたのだという。

それもあってか全試合に出場し、打率3割3分6厘で初めて首位打者を獲得した。

故障を克服するにはどうすればいいかを自分で考え、変化することができたからだろう。

団体競技である以上、
決め事が失われてしまっては
チームとしての機能は失われる。
一方で、そうした決め事を超えた
個人の自主性が
チームを動かす力になる場合がある。

洞察46 時間をマネジメントする

時間を上手にマネジメントする。ビジネスの世界には、そんなテーマがあると聞いたことがある。

どんな仕事であったとしても、時間を有効に使うことができる人は仕事ができる。それは、プロ野球の世界であっても同じように感じる。

一方で、決められた時間に遅刻をしてしまう人がいるのも事実だ。

プロ野球では団体行動をする場面が多い。例えば、宿舎としているホテルから球場に移動するバスの出発時刻や、試合に向けたミーティングが始まる時間、練習が始まるのは何時何分と、集合時間が決められている。

こうした団体行動の場面で遅刻をすると周囲に迷惑をかけることになる。たとえ5分の遅刻であったとしても、一人の遅刻で何人、何十人もの時間を奪うことになるからだ。どれだけ練習に真面目に取り組み、良い動きを見せていようとも、首脳陣やチームメートからの信頼を失ってしまう。

監督は次の試合に先発で使ってみようと考えていたのに「遅刻をするような甘い考えの

選手は試合では使えない」「他の選手に示しがつかなくなってしまう」と二軍行きを命じられることだってあるだろう。**積み重ねていた努力さえ、一度の遅刻で無駄になってしまうわけだ。**

私にとっては時間を守るのはごく当たり前のことで、特別なこととして考えたことはなかった。時間を守ることに対して厳しい感覚が身に付いたのは、ＰＬ学園高校での経験が大きいと思っている。

当時は全寮制で厳しい集団生活を送っていた。1年生は上級生よりも早く起床して準備しなければならないが、目覚まし時計を鳴らしてはいけないという決まりがあった。目覚まし時計を鳴らさずにどうやって起きるのか。代々受け継がれてきた技があった。起床時間を示す針と短針が重なる「カチッ」という小さな音で起きるのである。信じられないかもしれないが、寝坊をしたら大変なことになるという緊張感があれば不思議と起きられるものなのである。

当時の厳しい上下関係の中では、そもそも遅刻をすることは考えられなかった。今でもPL学園高校の先輩と待ち合わせをするときは同じだ。待ち合わせ時間の15分前に到着していれば大丈夫な場合でも、自然と30分前には待ち合わせ場所に着いてしまう。何歳になっても、先輩に対しては「先に着いて待っていました」という雰囲気で迎えないといけないと思ってしまうからだ。

プロに入ってからも遅刻はしなかった。現役時代は練習が始まるかなり前に球場に到着していた。人がまばらなクラブハウスで、落ち着いた気持ちを持って心と体の準備をする。何より時間に余裕を持って用意をしたいという思いが強かった。

例えば、練習が始まる5分前にクラブハウスに飛び込んで、慌てて着替える。飛び出すように球場に向かい、そこで何かの用具を忘れたと気付く。そうやって慌てることが、性格的に嫌いだったわけだ。

現役を引退してからも、その考えは変わっていない。例えばゴルフは朝が早い。それでも、スタートの1時間前にはゴルフ場に着くように計算して、家を出るようにしている。誰かを待たせたり、慌てたりすることが基本的に嫌なのである。

緊張感があれば、遅刻は避けられる。遅刻をしてしまうのは、どこかで仕事や相手への敬意を欠いているからといえるかもしれない。

洞察47 オフの時間の使い方

遅刻の話に続いて、時間の使い方について書いてみたい。

時間をうまく使える人間は仕事ができると書いたが、成果が上がらない時に「時間がない」と言い訳をする人が意外に多いようだ。

例えば、練習をする時間がなかった。勉強に充てられる時間が足りなかった。仕事のメールを返信する時間がなかった、と言い訳をする人もいるだろう。この「時間がない」という言葉を耳にすると、この人は時間の使い方が下手なのだなと感じてしまう。時間は作ろうと思えば、作れるものだと思うからだ。

一日のスケジュールを頭の中に描いてみる。一つの仕事が終わり、次の仕事までの合間に30分ぐらいの空き時間があるとしたら、できることは意外にあるものだ。

近くの店に預けていたスーツを取りに行く。必要だった買い物をさっと済ませてしまう。そうすることで改めて別の日にスーツを取りに行ったり、買い物に出かけなくても済むようになる。後日やろうと思っていた簡単な仕事を済ませてしまうだけでも時間は作れる。

引退してからはプロ野球の試合の解説や講演会、野球教室などの仕事があるが、1週間先までの予定は頭に入っている。何かやらなければいけないことができたら、スケジュール帳を開かなくても、どの日時に入れられるだろうかと自然と考える癖が付いている。

現役時代を振り返ってみると、シーズン中は予定を詰め込むことはしなかった。誰でも年齢を重ねるにつれて、自然と目が覚めるのが早くなるものだ。チームの中には試合のある日に朝から散歩に出かけ、観光名所を訪れたという話をする人もいたが、私は一切しなかった。それよりも部屋で寝転んでいる方が良かった。シーズン中は無駄な労力を使いたくなかったし、散歩をするぐらいなら休養を優先したいという考えもあった。

ただ、オフシーズンの時間の使い方にはこだわっていた。オフシーズンを迎えて最初にすることが、春季キャンプまで数カ月分のトレーニングの予定を組むことだった。

ウエートトレーニングに充てる時間や球場で体を動かす時間と、ある程度のスケジュールを事前に決めるようにしていた。

プロ野球選手にとって唯一、一日の時間を自由に使えるのがオフシーズンといえる。誘われればゴルフにも行きたいし、テレビ番組に呼ばれれば出演したいと考えるのが普通だ。ところが、ゴルフやテレビ出演で必要な練習ができなくなっては本末転倒になってしまう。最初に翌年のシーズンに向けた練習のスケジュールを決めてしまい、予定に影響しない時間の中で受けるようにしていた。

オフシーズンに頻繁にテレビに出演していた選手が活躍できなくなると、「テレビにばかり出ているからだ」と批判を受けることがある。

だが、プロ野球選手なのだから、自分の名前を知ってもらう機会でもあるテレビ番組には極力出た方が良いと思っている。

もちろん、練習が最優先であるのは変わらない。長く第一線で活躍している選手には、この線引きがうまい選手が不思議と多いから面白い。

線引きという点では、故障との付き合い方もその一つだろうか。2009年の9月28日、クライマックスシリーズ出場を争っていた阪神戦（神宮）で一塁にヘッドスライディングした際に右手の親指を剥離骨折したことがあった。

チームは初めてのクライマックスシリーズ出場をかけて戦っていた。シーズンは佳境でリハビリをする時間は残されていない。試しにバットを振ってみると激痛が走ったが、耐えられないほどではなかった。

担当の医師からは「指が曲がったままになってしまいますよ」と止められたが、別に曲がっても大丈夫だろうとプレーを続けることを決めていた。「親指が曲がっていると困ることがある。ボタンを開けるときや、日常生活の中で引っかかってしまうこともある」と説明していた医師も最後には「それでもやるというのであれば、添え木をしてやりなさい」と許可をしてくれた。

話はややそれてしまったが、優先順位を見誤らない、線引きをする――これらが時間を作るコツではないだろうか。

洞察 48 ひらめきが訪れる瞬間

仕事をしていく上で、ひらめきが訪れる瞬間がある。

スポーツ選手の場合、それまでできなかったプレーがある日から急にできるようになる。あるいは、苦手としていた相手に勝てるようになるといった瞬間だ。

こういった瞬間は、何もスポーツ選手に限った話ではないだろう。これまでできなかった仕事が、ある日を境にできるようになることもあるはずだ。

とはいえ、ひらめきが訪れる瞬間は、ただ待っていて来るものではない。

現役時代はサイドスロー、アンダースローの投手との対戦が苦手だった。例えば、中日に鈴木義広という投手がいた。身長が190センチメートル近くと大柄で、サイドから変則的に投げる投手だった。通算で17打数1安打と完璧に抑えられることになった。大げさな表現ではなく、グラウンドで顔を見るのが嫌になるほど、相性が悪かったのだ。

サイドスロー、アンダースローの投手というのは、上から投げるよりもボールのスピードは遅くなる。球速は120キロ台と遅いはずなのに、不思議と打球が詰まってしまうのである。元ロッテの渡辺俊介や、西武の牧田和久も、120キロ台の球速のボールで詰まらせるピッチングを得意としていた。

サイドスロー、アンダースローの投手と対戦するたび、打席でのアプローチの仕方を考えていた。

サイドスロー、アンダースローの投手を打てないのは、対戦した経験自体が少ないからかもしれない。

あるいはボールをリリースする手元が見えにくいからなのか。ボールの軌道に外側からバットを合わせて打とうとしたこともあるし、普段より打席の前に立って打ったこともあった。

対処法に気付いたのは、現役を引退する3、4年前のことだった。

サイドスロー、アンダースローの投手はプレートの端を使って投げることが多いので、リリースするポイントが普通の投手よりも打者寄りになる。物理的にインコースのボールは打者との距離が短くなるわけだ。そこをいつもの感覚で打ちにいこうとするから、体の軸が投手側に引き出される。結果として打球が詰まってしまう。

それならば、タイミングを取ろうとせずに「トスバッティングのような感覚で打ってみよう」と思い立ったのである。実際、トスバッティングのように打つと、鈴木のボールをバットの芯で捉えることができた。結果はセカンドゴロだったが、それまでの打席での感覚とは明らかに違った。

渡辺や牧田との対戦でもこの方法を試してみると、タイミングが取れるようになったのである。もちろん、サイドスロー、アンダースローに対しての苦手意識が完全になくなったわけではなかったが、以前とはまるで変わったのだ。

この方法にもっと早く気付いていれば結果が変わったのにと思ったこともある。だが、何もせずにいてひらめきの瞬間が訪れたかといえば、それほど都合のいい話はないはずである。

試行錯誤をして失敗を積み重ねていたからこそ、ようやく気付くことができたはずなのだ。

例えば、テレビドラマでは、仕事に悩んだ主人公がいつもより早く出社したことで、清掃担当者から助言をもらって解決策がひらめくといった場面が描かれることがある。待っているだけでは、行き詰まりを打破することはできない。

何もせずにいて
ひらめきの瞬間が訪れるとか、
それほど都合のいい話はない。
試行錯誤をして
失敗を積み重ねていたからこそ、
ようやく気付くことができたのである。

特別コラム

二刀流の答え

答えを出すべき時期に差しかかっているのではないだろうか。

日本ハム・大谷翔平の二刀流についてだ。

2013年の入団以来、大谷の投手、野手の二刀流は大きな注目を集めてきた。

投手としても、打者としても大きな才能を持つだけに、どちらか一本に絞る決断を下せないのは理解できる。

ただ、右足首の故障で2017年3月のワールド・ベースボール・クラシック（WBC）を辞退したように、ひずみが出始めているように感じる。

投手と野手の練習が必要な二刀流が、体に大きな負担をかけているのは間違いない。足首の故障が体からの信号なのか、あるいは偶然なのかは分からないが、どちらか一本に絞る時期に来ているのではないだろうか。

現役時代、2013年5月23日の日本ハム対ヤクルト戦（札幌ドーム）でプロ1年目の大谷と対戦する機会があった。

彼にとってはプロ初登板・初先発の試合で、結果は遊撃内野安打、遊ゴロの2打数1安打だった。デビュー戦でも150キロ台後半のストレートを投げていたが、打席ではスピードガンの表示ほど速くは感じなかった。実際、同戦は五回6安打2失点でマウンドを降りている。

当時から比べれば、ストレートの質、制球、変化球の精度と全ての面で成長を感じることができる。何よりも状態が悪くても、悪いなりの投球ができるようになったことが大きい。マウンド上でその日の状態に応じて対応することができる。

どんな調子であっても、ある程度の投球ができるのは好投手に欠かせない条件の一つだ。

打者としても、2016年のシーズンで22歳時点の松井秀喜よりも上だったといえるだろう。同年の侍ジャパンの強化試合（オランダ戦）では東京ドームの天上に打球を当てた。打撃練習でもスイングスピード、パワーを含めて驚かされることが多かった。

ただ、である。

二刀流での10勝、20本塁打ももちろん素晴らしいが、厳しい言い方をすればどちらも中途半端にも思えてしまう。あれだけの素質を持つだけに、どちらかに専念して球史に残る記録を残してもらいたいというのが本音だ。

それでは投手と打者、どちらに専念するべきだろうか。

プロ野球関係者としての立場で言うならば、投手一本の大谷が見てみたい。

投手ならば歴代最高の選手を目指せる。大リーグに戦いの場を移すということを前提に考えるなら、全米レベルでも一番の投手になる可能性があるからだ。

一方で野球ファンの視点で言うならば、打者として大リーグで40本塁打する姿も見てみたい。こちらも前例がないだけに、日本人が長距離砲として活躍する姿を見てみたいからだ。

大谷を見ていると、努力の方向性や計画性がしっかりしているのだなと感じさせられることが多い。オフシーズンを経験するごとに体が一回り大きくなっているからだ。将来を見据え、計画的に正しい努力を重ねることができるのだろう。

ずば抜けた素質を持った人が、このような正しい努力をされるとライバルは困ってしまう。ライバルたちの本音は、「せめて才能だけでプレーしてくれ」だろうか。

第5章

役割

自分の役割を見つけ、果たす

洞察 49

代打は神様か

気持ちのコントロールが、どれほど結果に影響を与えるか。現役を引退した２０１３年にあらためて実感することになった。

現役最後のシーズンとなった２０１３年は、代打で出場する機会が増えていた。ところが、この代打という役割が想像以上に難しかった。

先発出場した場合は１試合で４打席程度は打順が回る。一方の代打は１打席での勝負だ。相手投手が投げるボールに目が慣れていないという事情があった。さらには走者を置いた場面での起用が多いため、相手も細心の注意を払って投げてくる。均衡した試合では、セットアッパーや抑えといった力のある投手と対戦する機会が多いという理由もあった。

ああでもない、こうでもないと考えれば考えるほど深みにはまり、結果が付いてこない。現役引退を発表する８月26日まで、代打では23打数で１安打しか打つことができなかった。

その代打での成績がシーズンの終盤に好転することになった。引退発表後には25打数で12安打と、自分でも驚くような結果が出たのである。「これまで一生懸命やってきたから、野球の神様が最後にご褒美をくれているのかな」と思えるほどであった。

残り打席は少ないのだから、悔いのないようにバットを振ろう。それだけを考えて打席に立っていたら、良い結果が続いたのである。

実は発想を転換させてくれる、大きなきっかけがあった。現役時代、阪神で「代打の神様」と呼ばれた川藤幸三さんがくれたアドバイスだった。

夏場に差しかかった頃だった。甲子園球場での練習中に、球場を訪れていた川藤さんに「代打の極意はあるのですか？」と尋ねた。

いつもの口調で返ってきたのは、予想外の言葉だった。

「お前はアホか。代打は補欠や。代打の切り札とか、代打の神様とか、ええかっこして言われるけど、そんなもん、真に受けたらあかん。代打は補欠や。ほんまに期待されとったら、監督は4回打席に立たすやろう」

代打という新しい役割への適応に苦しんでいた私にとっては、目からうろこが落ちる思いだった。

周囲やメディアから「代打の切り札」「代打の神様」と呼ばれようが、先発起用されないならチームの中では補欠である。3回バットを振って、それで駄目ならベンチに帰ってきたらいい。

「打てへんかっても、しょうがない。もし打てたら、こっちのもんや」

それぐらいの心持ちで打席に向かった方が、結果につながりやすいというのである。良いことを言うなと思ったのだった。

もちろん、監督は期待をかけて代打に送り出しているのだが、自分自身で必要以上に重圧を感じることはない。

例えばチャンスの場面では、全てヒットを打たなくてもいいのである。外野フライで点が入るのなら外野フライでいいし、内野ゴロで点が入るのなら内野ゴロでも最低限の仕事をこなしたことになる。

一つの役割で結果を出している人は、やはり気持ちのコントロールに長けていると感じた。

会社の中で新しいポジションを任されたが、結果が出ないと悩んでいる人にも同じことがいえるのかもしれない。必要以上の重圧を感じることは、行動を制限することにもつながりかねない。

時には楽な考え方も試してみる。

自分を追い詰めるタイプの人ほど、違う視界が開けてくるかもしれない。

「お前はアホか。代打は補欠や。
代打の切り札とか、代打の神様とか、
ええかっこして言われるけど、
そんなもん、真に受けたらあかん。
代打は補欠や。
ほんまに期待されとったら、
監督は4回打席に立たすやろう」

洞察 50

組織に不可欠なムードメーカー

形がない力の一つに、雰囲気というものが挙げられるだろう。

チームの中にムードメーカーと呼べる存在がいるかどうかで、ベンチやロッカー内の雰囲気は大きく変わってくる。

プロ野球のシーズンは長丁場だ。時には連敗が続いたり、何をやってもうまくいかなかったりという時期が訪れる。

そういった結果が出ない時期にチームの全員が下を向いてしまうよりは、明るく前向きな選手が一人でもいた方が良い。

チームとしてポジティブな雰囲気を保つことができた方が、好結果につながりやすいのは当然だろう。

チームのムードを形成するためには、ただ明るければいいというわけではない。おちゃらけることとは、似ているようで異なるからだ。

例えば、自分が試合に出ないときはベンチで大きな声を出すが、いざ自分が試合に出場すると縮こまったようなプレーしかできない選手もいる。

これではベンチでおちゃらけているだけで、チームのムードは形成できない。**自分の仕事を前向きにこなしつつ、さらに周囲を明るくできるのがムードメーカーと呼べる存在だ。**

２００６年のワールド・ベースボール・クラシック（ＷＢＣ）、２００８年の北京五輪の日本代表でムードメーカーと呼べたのが、川﨑宗則（現ソフトバンク）だった。

ＷＢＣや五輪のような日本代表の試合には、各チームの主力選手が集まってくる。普段はチームで主役として活躍している選手たちが、日本代表ではベンチを温めることも多いのだが、川﨑は進んで裏方の仕事を引き受けてくれた。

練習中からとにかく明るいし、ベンチやロッカーでもよく声が出る。それだけでなく、ＷＢＣ決勝のキューバ戦では、捕手のブロックの隙間から右手をねじ込んで生還と、試合を決める大事な仕事も成し遂げた。

何よりも彼のすごいところは、そのスタイルが一貫しているという点だ。米国に渡ってからも、変わらなかった。言葉が通じないので、インタビューにとんちんかんな受け答えをするときがあったが、それもユーモアとして米国でも人気になっていたという。

もちろん、試合で結果も残していた。日本代表のような即席のチームでは、なおさら川﨑のような存在は貴重だった。

ヤクルトでいえば度会博文（現ヤクルト球団職員）や三木肇（現ヤクルトヘッドコーチ）

がムードメーカーといえた。

どちらも代打や代走が主な仕事となっていた。自分の出る場面がある程度分かっているからその場面に集中していたし、それ以外のときはチームメートがプレーしやすいようにと気配りをしてくれた。

私が打席で凡退してベンチに帰ってきても、よく声を出してくれた。二人とは年齢も近いので試合後に食事に行く機会も多かった。明るい性格の選手と一緒にいた方が、自分も明るくいられるという利点もあった。

雰囲気作りの重要性は、個人に対してもいえる。

私自身、故障してリハビリをしている最中には、あえて明るく振る舞うように心掛けていた。笑顔でいた方が細胞が活性化されて免疫力が上がるというが、ただでさえ苦しいリハビリを暗い顔でやっていたら、治るものも治らなくなってしまうという考えがあったからだ。

私自身は小さいときから人を笑わせることが好きだったが、一方で考え込むことも多いタイプだった。変えてくれたのは妻の存在だろうか。妻が全く逆の明るい性格だったことで、自然と前を向けるようになった。

洞察51 チーム運営での役割の重要性

プロで生きる術を教えてもらったのが野村克也監督なら、プロの世界に導いてもらったのは、2013年に私が現役を引退したときのヤクルト監督だった小川淳司監督である。社会人野球のプリンスホテルから入団した1995年当時、担当スカウトをしていただいた。今でも年に一度、同じく小川監督の担当だった石井弘寿（現ヤクルト一軍投手コーチ）、度会博文（現ヤクルト球団職員）と4人で食事をさせてもらっている。

「いつか、宮本を獲って良かったと言ってもらえるように頑張ります」

入団発表の当日、私が小川監督に言った言葉を今でも覚えてくれているのだという。スカウトの世界では「担当した選手が（入団時の）契約金を年俸で稼げるようになったら成功」といわれているそうだ。

東京都武蔵村山市にあったプリンスホテルのグラウンドに何度も足を運んでもらっていたが、当時は自分が守備だけの選手という負い目をどこかに感じていた。

2013年に小川監督が指揮を執る下で現役を引退できたのは、選手として幸せなことだった。

一選手が小川監督を評するのはおこがましいが、監督と選手として過ごす中で勉強になったのは、青木宣親（現大リーグ）の起用法だった。

小川監督は監督代行となった２０１０年途中から、３番を打っていた青木を１番に変えた。毎年３割以上を打つ青木ほどの打力があれば、誰が監督でもポイントゲッターとして３番で起用したいものだろう。ところが、小川監督は青木を１番に固定して戦うことを選択した。

当時の青木には高い打撃技術がある一方で、まれに集中力を欠いてしまう場面があった。3番や2番に置くと試合状況を考えなければならない打席が増えるため、安打することに長けた青木の長所が死んでしまうことが多かった。

それならば、出塁することだけに集中できる1番に置いた方が青木の長所は生きる。小川監督はそう考えたのだろう。１番に固定したことで青木はその年、打率３割５分８厘で首位打者を獲得した。

どんな組織であっても、プレーヤーが同じ方向を向かなければチームとして最大限の力を発揮することはできない。

プロ野球の世界でいえば、一軍のベンチに入る選手は28人。二軍と往復する選手を含めて年間30人から40人の選手が実際の戦力となるわけだ。

もちろん、30人から40人のプレーヤー全員が同じ志を持って戦うのが理想だが、現実には難しい。主力選手や控え選手といったチーム内で置かれた立場が異なれば、それぞれの性格も異なる。

長いシーズンを戦っていく上では、首脳陣の起用法に不満を持つ選手が出てくる。チームの負けが続けば、個人成績に走る選手も出てきてしまうからだ。

私自身、以前はチーム全員が同じ志を持たなければならないと考えていた。

だが、小川監督のマネジメント法を間近で見て、別の考えを抱くようになった。

プレーヤー全員が同じ志を持てないのだとしたら、指導者が同じ方向を向く「役割」を与えればいい。

たとえ個人が違う方向を向いてしまったとしても、「役割」を限定することでチームとしてのベクトルを同じ方向に向けることはできる。

チーム運営における「役割」の重要性に改めて気付くことになった。

プレーヤー全員が同じ志を
持てないのだとしたら、
指導者が同じ方向を向く
「役割」を与えればいい。

洞察52　点がつながって線になる

野球の要素の一つに打順がある。1番から9番まで9つの打順には首脳陣が期待する役割があり、点がつながって初めて線になるわけだ。

現役時代の私は何番バッターのイメージが強いだろうか？　脇役ということで、2番というイメージを持っている読者の方も多いことだろう。公式戦では4番と9番以外の打順を打ったことがあるが、何番が自分に合っていたかというのは、今でもよく分からないというのが本音だ。

2番打者の役割とは何か。言うまでもなく、走者がいる場面では、送りバントや右方向への打撃で次の塁に進めること。走者がいない局面では、ヒットを打ち、四球を選んでクリーンアップの前に出塁することが求められる。基本的には置かれた状況に対応した打撃ができる、器用な選手が置かれることが多い。

現役時代を振り返ってみると、私はそこまで四球を多く選ぶタイプのバッターとはいえなかった。19年間の通算で四球は398個だ（そのうち敬遠四球は36個）。シーズン別で見ても、2003年の38個（同1個）が最多だった。

2番打者としてのイメージがあるにもかかわらず、四球が多くなかったのには理由がある。私には長打力がなかったので、相手投手がストライクを取りに来るボールを、確実にバットの芯に当ててヒットにすることを優先して考えていた。早いカウントから打つことを選択することが多かった結果、粘ってフォアボールを選ぶという場面が少なかったわけだ。

9つの打順にはそれぞれの役割があると書いたが、2番打者には1番打者との連携が求められる場面が多い。

1番が出塁をして、2番が進める。あるいは、1番がミスをしたときには2番がカバーしなければならない。個人的に相性が良かったと思っているのは、同じ学年の真中満（前ヤクルト監督）との1、2番だった。

1番の真中が自由に打ち、2番の私がある程度をカバーする。1、2番としての関係性が自然と出来上がっていた。

一度など、真中が3打席連続で回の先頭打者で初球を打ってセカンドゴロに倒れたことがあった。1番の真中が初球で倒れた分、今度は2番の私が打席で粘らなければならない。3打席目はさすがに待つだろうなと思ったら、また初球を打ってセカンドゴロだった。

「マンさん（真中の愛称）、ちょっとやめてくれよ」と言うと、「だって2打席続けて初球アウトになったら、相手（バッテリー）は次は初球を打たないと思っているでしょ」と返ってきた。いかにもポジティブな思考をする真中らしい言葉である。

「それはそうだけど、じゃあヒットを打ってくれよ」と言い返したのを覚えている。

それぐらい、真中はプラス思考で前向きな性格の選手だった。1番打者として、チームに勢いを与えるには適したタイプの選手といえた。

マイナス思考で最悪の事態から想定する私とは、性格的にも相性が良かったのだろう。

洞察53 それでも目指すべきは「主役」

現役を引退してから、少年野球のチームでコーチを務めている。

長男が入団した少年野球のチームから「もし良かったら、うちのチームでコーチとして野球を教えてもらえないか?」と声をかけてもらい、少しでも役に立てればと引き受けたわけだ。

少年野球のチームには、さまざまな保護者がいる。大学、社会人まで野球をプレーしていたような人もいれば、自身は全く野球経験がないという人もいる。

保護者の年齢や就いている職業もさまざまで、初めて聞くような話題が上ることも多い。

少しでも役に立てればと思って引き受けたコーチだが、私自身が充実した時間を過ごさせてもらっている。

練習試合などでは、他のチームの方に話しかけられる機会もあるが、保護者からはこんな質問を受けることが多い。

「息子さんには宮本さんのような選手になってほしいと思いますか？」

答えは全くの「ノー」である。

「洞察　脇役が主役に変わるとき」

週刊ダイヤモンドでの連載時にも、このようなタイトルにしていたが、現役時代の私はとてもチームの「主役」と呼べるような選手ではなかった。打席ではランナーを進めるためにバントをしたり、右方向に進塁打を打ったりする「脇役」の選手だった。

どうして自分の息子にも、せっかくの打席でバントをしたり、あくせくと逆方向に打ったりしてほしいと願うだろうか。

できることならば、ベンチからノーサインで「おまえに任せた」と言われるバッターになった方がいい。ピッチャーならば、球速１６０キロを投げる圧倒的なエースになった方がいい。

可能性のあるうちは「脇役」ではなく、チームの「主役」を目指してほしいと思うのである。

少年野球のコーチとして子供たちを指導する上でも、同じことがいえる。

小学校の低学年は体格の個人差が大きい時期だが、小柄でバットに振られてしまうような子供にも「ホームランを打つように練習をさせましょう」と声をかけている。

たとえ今は体が小さくとも、4、5年後には、身長が180センチメートルに伸びているかもしれない。

そうなった場合にこつこつと打つ練習ばかりをさせていては、選手としてのスケールが小さくなってしまう。

指導者が選手の可能性を限定することで、将来性を奪うこともあるのである。

小学生のように可能性が広がっているうちは全員がホームランバッター、エースといったチームの「主役」を目指した方がいい。

いつかは、他者と比較する中で自分は「脇役」に徹しなければならないと気付くときが来る。それまでは、周囲が可能性を限定することはないのである。

以前、ヤクルトで監督を務められた古田敦也さんと野球教室で一緒になったときに、こんな言葉をかけられたことがあった。

「息子には、『バントなんかしたくない』と言ってほしいよな」

まさに、その通りである。

小学生のように
可能性が広がっているうちは全員が
ホームランバッター、エースといった
「主役」を目指した方がいい。
いつかは、他者と比較する中で
自分は「脇役」に徹しなければならないと
気付くときが来る。
それまでは、
周囲が可能性を限定することはない。

洞察54 日本代表キャプテンの役割

2020年東京五輪の追加種目として、野球・ソフトボールの採用が決まった。野球界全体にとって東京五輪での成否が持つ意味は重い。自国開催で日本国中が盛り上がる中、金メダルを獲得すれば野球人口の底辺拡大につながる。東京五輪以降も野球が正式種目として採用されるような好印象を残し、「次」につなげることも求められる。東京五輪を戦う日本代表の選手たちは、日の丸とともに大きな使命を背負うことになる。

後の「組織」の章でも触れるが、私は、プロ野球のチームにはキャプテン制は必要ないと考えている。プロ野球選手は個人事業主である。選手全員が個人の生活を懸けて戦っている。キャプテンは個人よりチームを優先して考えなければならない立場で、自分とポジションを争う選手も応援しなければならないという矛盾が生じるからだ。

しかしながら、日本代表という即席のチームにおいては、キャプテン制は必要だと思っている。小久保裕紀前監督が率いた際には数年間かけてチームを作り上げたため、最後はキャプテン制を敷かなかった。

しかし、短期決戦では特定の人物に責任を背負わせた方がチーム全体としての方向性を示しやすい。首脳陣の考えを伝達するという部分でもキャプテン制は有効だ。所属チームとは違い、日本代表では個人成績よりもチームの勝敗を最優先に考えることができるという側面もあるだろう。

それでは、東京五輪を戦うであろうメンバーの中でキャプテンに相応しい選手は誰だろうか。私は坂本勇人（巨人）しかいないと考えている。国際大会の経験も豊富で、年齢的にも日本代表の中心となるべき年代だ。２０１６年シーズンに首位打者を獲得した実力をとっても、日本代表のキャプテンは坂本しか思い浮ばない。

その意味でも、彼にはよりしっかりとした自覚を求めたい。

２０１７年のワールド・ベースボール・クラシック（ＷＢＣ）期間中に、一度注意をしたことがあった。守備練習の際に捕球できそうもない打球に向かって、彼がグラブを投げつけていたのである。

いくら練習中とはいえ、日本代表の中心選手がとるべき振る舞いではない。

他球団の若い選手は彼の背中を見ている。

現役時代、彼には合同自主トレで守備を教えたことがあった。ベンチに戻ってきたときに「こんにちは」とあいさつをしてきたので、「おい、ジャパンのときにグラブを投げるなよ」とあえて厳しい声をかけることにした。

野球の素晴らしさを伝えるのも、日本代表の役割と言えるからだ。

五輪は日本人の良さを世界にアピールできる舞台でもある。例えば死球を与えたとき、日本人は帽子を取って謝ることができる。ところが、これを米国の選手がすると臆病者と罵られることになる。文化の違いと言ってしまえばそれまでだが、素直に頭を下げられるのは日本人の美徳と言える。

思い出すのは北京五輪のアジア予選での出来事だ。対戦相手の韓国代表が開始直前になってスターティングメンバーを大幅に入れ替える手段に出たことがあった。プロの大会ならまだしも、スポーツマン精神を謳う五輪にはそぐわない行為だと感じた。

競技は違うが、サッカーでは日本のサポーターが試合後にスタンドを掃除して帰る姿が世界で報じられることが多い。日本人にとっては当たり前の行為が、世界的に評価されるのはうれしいことだ。もちろん競技での勝敗も大事だが、五輪には各国の文化を改めて知るという面もある。

だからこそ、東京五輪を戦う日本代表の選手たちには自覚を求めたい。

日の丸を背負った選手がプレー中にガムを噛んだり、唾を吐いたりしては寂しい。五輪の重みが増す中、選手が軽くなってしまってはいけない。

第6章

指導

結果を出す指導者の言動

洞察55

指導者が持つべき言葉の力

指導者にとって、言葉は重要な意味合いを持つ。指導者が発した言葉が何気ない一言であったとしても、指導される側は言葉の意味通りに、あるいはそれ以上の意味を持って受け取ることがある。

当然だが「上司からの指示なのだから従え」「そんなことも分からないのか」といった一方的な言い方をしていては、信頼関係を築くことは難しい。部下は上司の言動を観察している。一方的に言われた部下にしてみれば、自分の方を向いていないと感じてしまうからだ。

とりわけ、部下を指導する場面では、かける言葉には細心の注意を払わなければならない。私自身、ヤクルトで兼任コーチをしていたときには、今の言い方は失敗だったと反省する場面が多かった。

そんな中で一つだけ言えることがあるとすれば、最後は選手本人に選ばせなければならないということである。

例えば、守備練習である。選手に「今日はゴロを捕球する練習を100球やろう」と一方的に指示を出すのではなく、「今日の練習は何球ぐらいやろうか？」という問いかけをする。それに対して選手が「１００球やります」と答えれば、選手が設定した分だけの練習に付き合うのである。

どちらの場合でも、結果として試合でエラーをすることはあるだろう。だが、練習量を選手に選ばせていれば、エラーは練習が足りなかった自分の責任だと感じることができる。エラーをしないためにはどんな練習が必要かを自発的に考えるようにもなるだろう。そうして選手から助言を求められた時、いくつかの方法論を提示するのがコーチの本来の仕事なのである。

それが、**コーチに指示された通りに練習をこなすだけの関係になってしまっては、選手は「言われた通りにやっているのに何で上達しないのだ」と不満を持つことにつながる。**結果ては「言われた通りにやったから、疲れが出てしまった」と失敗の言い訳をする選手もいるかもしれない。そんな受け身の姿勢では、いつまでたっても上達することはできない。

もちろん、何でも選手に意見を求めればいいというわけではないだろう。選手によって年齢や実績、チーム内での置かれた立場も異なるからだ。ただ、選択させ、発言をさせることによって責任が生じれば、自覚を促すことができる。

一方で、場合によっては選手が開き直れる環境を作る方が良いケースがあるのも確かだろう。選手心理の難しさ、繊細さについて改めて考えさせられたのが、２０１５年シーズンの巨人・阿部慎之助だった。

阿部は同年のシーズン、体への負担を軽くするために捕手から一塁手にコンバートされた。開幕から本来の実力からすれば物足りなさを感じる場面が多かったのだが、チーム事情で捕手に復帰した試合では、阿部らしい思い切りの良いスイングを取り戻しているように見えた。

一塁手から慣れ親しんだ捕手へ。一見すれば、負担が重くなったようにも感じるが、かえってその方が開き直れたのだろう。「捕手だから打てなくても仕方がない」と肩の荷を下ろしたことで、重圧から解放されているようにも感じた。

阿部ほどの実績がある選手でも、これだけ繊細なのである。

洞察 56 育成という言葉が独り歩き

育成という言葉が、独り歩きをしてしまうことがある。

全国で野球教室を開催すると、少年野球の指導者や保護者の方から「選手の育成と試合での結果のどちらを重視すべきでしょうか」と聞かれることがある。

選手の育成を重視すべきか、それとも、試合での結果を重視するべきか。どちらが重要かと問われれば、どちらも重要だとしか答えようがない。

少年野球の年代では、試合で経験を積まなければ、実戦の中でルールを覚えることができない。練習でのモチベーションにつながる成功体験を得ることもできないだろう。

一方で練習する時間を十分に取らなければ、基本的な技術が向上することはないだろう。どちらが重要かではなく、どちらも大切なのである。育成か結果かの二者択一ではなく、育成があった上での結果だと言い換えることもできる。

ところが、いつからか育成という言葉が独り歩きをしてしまい、良い結果が出ない状況への言い訳となるケースが多くなった。これは少年野球に限った話ではないだろう。

以前書いたラグビー日本代表の例も、似た側面があるだろう。２０１５年のラグビーワールドカップで、優勝候補の南アフリカ戦に勝利した日本代表を変えたのが、エディー・ジョーンズヘッドコーチの指導法だったと聞いた。

従来の日本代表は体力勝負では世界に勝てないと決め付けていたが、世界標準のパワーがなければ同じ土俵に立てないと、徹底的に体力面を鍛え直したのだという。

従来の考え方も発想としては間違ってはいなかったはずだ。体の大きな海外の選手相手には体格的に当たり負けてしまうから、世界でも日本人の良さを出せるような技術を育てようと考えたのだろう。

ただ、それでも結果が出ない状況が続くのなら、アプローチを変えていかなければならない。意図せずして、技術面を育成しようという考えが、世界の舞台で結果が出ないことへの言い訳になっていた部分があったのかもしれない。

長年目をそらしていた体力的な課題に真正面から取り組んだのが、エディー・ジョーンズヘッドコーチの日本代表だったというわけだ。

結果を考えて逃げ道を作ってしまうと、本当の意味で前進することはできない。自分では真っすぐに進んでいると信じていても、実際には斜めに進んでしまっていることもある。アプローチの仕方を間違えれば、目的地から遠ざかってしまう。

育成も、結果も、両方を求めていいはずなのである。これは、選手を指導する際に長所を伸ばすのか、短所を直すのか、という問題にも通じるように思う。

もちろん、短所を直そうとすることで、選手個々が持っている長所が失われてしまうという考え方もあるだろう。しかし、野球選手は欠点を直さなければ試合で使ってもらえないのだから、短所を直しながら、長所を伸ばすことが必要だと思うのである。

5段階評価のチャート表があるとして、一点に集中したからといって5まで達するかは分からない。全ての項目で5になるよう、全力で追いかけてもいいはずなのである。

洞察57 チャンスは平等ではない

プロ野球の世界には、コーチという役職がある。上司である監督の考えに沿って働き、部下である選手を指導する。その意味では、一般企業の中間管理職に置き換えることができるかもしれない。

２００９年から現役を引退するまでコーチ兼任としてプレーしたが、コーチングの難しさを感じる場面が多かった。

コーチの仕事の目的は、組織の勝利を第一に考えて行動することに尽きる。

その上で担当する選手が一軍の試合で通用するよう、一流になれるように指導をする。時には選手をおだてて乗せることが必要な場面もあるだろうし、厳しく接することも必要になるだろう。ただ、この組織の勝利を第一に考えて行動するという点がブレてしまっては良いコーチとはいえない。

では、選手全員に同様に接するのが正しいのだろうか。それは間違いだと考えている。「チャンスを平等に与える」と言えば聞こえは良いが、プロの世界では必ずしもそうとは限らない。

この選手は組織の中心になれる能力があると判断したのなら、他の選手よりも時間を使って教える。**勝負の世界である以上、等しくチャンスを与えることが目標ではない。あくまでチームの勝利が目標だからだ。**

ここでコーチが考えなければならないのが、他の選手から文句が出ない状況を作ることだ。

例えば、選手を期待値で判断してA、B、C、Dとランク付けした場合、球団としてもAランクの選手を優先して育てたいと考えるのは当然だ。実際、ドラフト1位で入団した選手は、4位や5位で入団した選手よりも優遇されることが多い。

ところが、選手というのは正しく自己分析ができていないものだ。

実力が少し上の選手に対しても、自分の方が上だと思ってしまう。

その2人に特別な差をつけると、「どうしてあいつだけ優遇されるのか」と不平不満が生まれることがある。特別扱いをするときには力関係を明確にした上で、明らかに上と思われる選手を選ばなければいけない。

2014年の交流戦でヤクルトの山田哲人が首位打者になった。ヤクルトの二塁手には実績のある田中浩康（現DeNA）もいるが、小川淳司監督は前年の途中から山田を起用し続けてきた。

山田は2011年にドラフト1位で入団し、その年は球団の方針で二軍のイースタンリーグで114試合全試合に出場した。公式戦で一軍に上がることはなかったが、中日とのクライマックスシリーズ（CS）のファイナルステージに先発出場した。

同年のオフには彼からの要望に応じて、愛媛県松山市での自主トレに連れていくことになった。

山田の潜在能力の高さは誰もが認めていたが、特別扱いには他の選手から不満が出てもおかしくはなかった。だから何よりも心掛けたのは、山田には他の選手以上に厳しく接することだった。

ノックの練習で少しでも緩慢なプレーを見せたときには、捕れないところに何球も続けて打球を打った。翌年のシーズン中も何度も呼んで叱りつけた。

やり過ぎだと思った選手もいたことだろう。

特定の選手にチャンスを多く与えるからには、周囲に「あいつなら仕方がない」と思わせる状況を作らなければならない。

コーチには周囲を納得させるだけの理由と厳しさが必要になる。

そのバランスを見誤ると、組織は崩壊してしまうだろう。

勝負の世界である以上、
等しくチャンスを与えることが
目標ではない。
あくまでチームの勝利が目標だからだ。

洞察58 部下は上司を観察している

ヤクルトに入団して3年目の1997年のことだ。ペナントレースが盛り上がる夏場に32打数連続で無安打と、全く打てなくなってしまった。

下位打線の8番が定位置だったとはいえ、2割8分あった打率は2割5分まで落ちた。守備力を買われて試合に出してもらっていたが、その守備でも8月30日の中日戦（ナゴヤドーム）でエラーをしてしまった。

試合後には「これは先発メンバーを外されるかもしれないな」と覚悟していた。

「なんや、宮本は打てない上にエラーもするのか」

案の定、当時の野村克也監督は翌日の先発メンバーから外そうとしていたという。打てない、守れないでは監督として当然の判断だった。

その時に進言してくれたのが、内野守備走塁コーチだった水谷新太郎さん（現ヤクルト二軍チーフ兼内野守備走塁コーチ）だった。

「まだ、エラーは（シーズンで）2個目です。守備はちゃんとやっているので、先発から外さないでください」

もちろん、水谷さんから直接聞いたわけではない。後日、チームの関係者から、人づてに耳にしたのだった。

当時の野村監督といえば、チーム内では泣く子も黙るほど怖い存在だった。一歩間違えれば、コーチとしての自分の立場が危うくなるかもしれない。こんな話を聞いて、選手が意気に感じないわけがなかった。

広岡達朗さんが現役時代の守備を絶賛していたという水谷さんは、ノックを打つのが非常にうまかった。守備練習は反復練習の側面が強い。難しい打球ばかりを捕る練習をしても、決してうまくはならない。ゴロのバウンドにリズムを合わせることが重要なのだが、水谷さんの場合は、自然にバウンドが合うようにノックを打ってくれていた。

数メートル先ではずませれば、最も良い形で捕球することができる。力加減を計算しながら打っていたのだろう。守備練習では自然と良い癖が身に付いていった。

水谷さんは背番号「6」を着けた先輩でもあった。「宮本を何とか使い物にしよう」という思いは、選手の側にも伝わってきていた。

少し話は変わるが、当時、同期入団の稲葉篤紀（現日本代表監督）とともにある日課があった。遠征先での試合が終わると、バットを持って泊まっていたホテルの駐車場や部屋に集合するのだ。待っていたのは、松井優典ヘッドコーチだった。

「本拠地ではもちろん、遠征先でもバットを振ろう。1時間でも、2時間でも付き合ってやるぞ」

息抜きに飲みに出かけるチームメートを横目に、毎日1時間近くバットを振るのだ。端から見れば、異様な光景だったと思う。ようやく終わった後、慌てて食事に出かけていた。前回、コーチには特別扱いも必要と書いたが、これが松井さんの特別扱いだったのだろう。

正直、逃げ出したいと思うこともあったが、今思えば、あそこまでできるコーチは少ないかもしれない。

選手の側もコーチを観察している。コーチに情熱があるかないかは、敏感に感じ取っている。情熱を持って指導してくれるコーチに対しては、選手も応えようとするものだ。

洞察 59 名監督が持つ度量

部下に信頼される上司であるためには、部下の話を聞く耳を持つことである。

理想の上司のイメージランキングで上位にくることが多い星野仙一さん（現楽天球団副会長）とは、2008年の北京五輪で監督と主将の関係だった。短い期間ではあったが、星野さんからは多くのことを学ばせてもらった。

「俺ら、こう見えても、聞く耳はあるから」

主将に指名されてあいさつをしたとき、星野さんから最初にかけられた言葉だった。

北京五輪では投手コーチは前回大会のアテネ五輪から引き続いて大野豊さん、ヘッド兼打撃コーチは田淵幸一さん、守備走塁コーチは山本浩二さんが務めていた。選手からすれば、いずれも年代の離れた名選手である。

ともすれば選手側から意見が言い出しにくい環境になりがちだが、五輪のような短期決戦では致命傷になりかねない。そうならないよう、相談しやすい環境作りをされていた。

例えば、外出のルール作りだ。五輪の前年に行われたアジア予選は台湾で行われた。試合後には緊張からの解放感から、宿舎のホテルを出て外で食事をしたいと考える選手もいたと思う。とはいえ、言葉の通じない場所で食事をしては、ドーピング違反に該当する食材を食べてしまうかもしれない。と同時に、何か一つの欲求を我慢すれば、最終的に良い結果が待っているのではないかという私自身の考えもあった。

主将として星野さんに「期間中は外出禁止にしましょう」と提案すると、「おまえが言うなら、それでいいんじゃないか」とすぐに認めてくれた。

聞く耳を持つという姿勢は、試合中も同じだった。選手の立場ではあったが、事前に「守備位置も含めて頼むぞ」と言われていたので、守備位置に関しても意見することがあった。

記憶に残るのはアジア予選の韓国戦だ。4対3と1点差に追い上げられた直後の八回二死二塁、投手は岩瀬仁紀（中日）という場面だった。打者は右の強打者だが、勝負を懸けて前進守備の守備隊形を敷くべきだという思いがあった。

岩瀬は低めへのボールが多く、制球が安定している投手だ。この日も低めへのボールが多かった。対する打者は長打があるタイプとはいえ、岩瀬相手に外野手の頭を越える打球が飛ぶとは考えにくい。試合の展開の上でも、一度同点に追いつかれてしまうと、日本が厳しい状況に追い込まれるという考えがあった。

「外野を前に来させます」

リスクを冒してでも、外野手を前進させる。私の判断に星野さんと山本さんは「おう」とうなずいた。外野手の前進守備はセオリーの一つではあるが、コーチ経験のない私の判断を信用してくれたわけだ。

結果はライナー性の打球でレフト前ヒットだった。外野を前進させていたことで二塁走者は三塁を回ったところで止まることとなり、岩瀬が次の打者を見逃しの三振に抑えて逃げ切った。

今振り返ると、もし打球が左中間や右中間を抜けて逆転につながっていれば、私の責任となっていたかもしれない。星野さんにはそうした責任を背負う度量があったわけだ。

部下に任せて、万が一の場合には責任を取る。星野さんの下で貴重な経験ができた。

「俺ら、こう見えても、聞く耳はあるから」
主将に指名されてあいさつをしたとき、
星野さんから最初にかけられた言葉だった。

洞察60 相談者の利益より大局観を

人はさまざまな場面で決断を迫られる。

誰もが最善の選択をしようとし、時には決断を下せずに悶々と頭を悩ませることもあるだろう。

決断力があるかどうかは、能力の一つということができる。決断の遅い人間というのは、周囲に迷惑をかけてしまうことになるからだ。

プロ野球の場合、選手の移籍を例に取れば分かりやすい。

ある選手が移籍を決断するかどうかで、所属するチームにも、獲得を検討しているチームにも編成全体に影響が出てしまう。彼が残ることで戦力外になる選手もいるだろう。決断に時間がかかる分だけ、周囲の対応が遅れてしまうわけだ。

当然、決断の早さは周囲の評価にも関わる。指導者といった組織の上に立つ立場の人間ほど、せっかちな性格が多いというのもうなずける。

物事を決断をする上では、親身になって考えてくれる理解者が近くにいれば、手助けになる場合も多いだろう。とはいえ、当事者の考えに追従するだけの存在では、良き理解者

ということはできない。

私自身、現役時代に一度だけフリーエージェント（ＦＡ）権を行使しての移籍が頭をよぎったことがあった。ショートからサードに守備位置がコンバートされた２００８年のことだ。サードに新しい外国人選手を獲得しようと球団が動いているという話が耳に入ったことがきっかけだった。

ショートというポジションへのこだわりが強かったが、チーム全体のことを考えてサードへのコンバートを受け入れた直後だった。40歳が目前となり、年齢的なことを考えれば仕方がない部分はあると理解していた。だが、起用するつもりがないのであれば、他球団へ移籍した方がいいと感情的になってしまったのである。

「チームを出ようかなと思っています」

付き合いの長い知人に相談すると「ちょっと、待てよ」と即座に止められた。

「今は感情的になっているけれど、おまえはこれまでチームの中心選手としてやってきて、サードへのコンバートを受け入れた。それが『外国人選手が来るから出ます』では、これまでの行動を否定することになるんじゃないのか？」と言うのである。

「現役でいられるのは、長くてもあと数年。それならば、外国人選手と勝負しろ。勝負して負けたら現役を辞めればいいだけだし、逃げないで戦えよ」と言われたときには「それもそうだな」と考えた。

ベテランと呼ばれる立場になり、チームの若手選手に厳しいことを言う場面も多くなっていた。それが現役時代の晩年に自分のチーム内での立場が悪くなったからといって、他球団に移籍をする。それでは、これまでの価値観を否定することになってしまう。

納得できる理由が提示されれば、決断を迷うことはなかった。知人との会話の最後には「分かりました。残ります」と話していた。

結局、新しい外国人選手を獲得することはなかったのだが、あのときの判断は間違っていなかったと思っている。

私自身、何か相談を受けた際には相談者の利益よりも、物事を大局的に考えて助言するように心掛けている。

例えば、後輩選手が誰かと言い争っている場合、相手が悪い場合でも「今回はおまえが我慢して謝ればいい」と言ったこともある。

一方で今回頭を下げれば、後々まで響きそうな場合は「絶対に謝るな」と伝える。

相談者の利益を優先すれば、結果的に不利益となることもある。

「相談してきたからといって、おまえに今だけ良いように考えようとは思わないぞ」というのが基本姿勢である。

洞察61

兼任コーチの果たす役目

２００９年から現役を引退するまで、兼任コーチを務めた。40歳が目前となり、若い選手から助言を求められる場面が増えていた。グラウンド上で周囲の目を気にせずにアドバイスがしやすいようにと、球団と当時の高田繁監督（現ＤｅＮＡゼネラルマネジャー）が兼任コーチという肩書きを付けてくれたのである。

兼任コーチになったとはいっても、あくまでも軸足を置いているのは選手の立場である。コーチとして、担当する分野が決められていたわけではなかった。

改めて説明すると、プロ野球のチームには投手コーチ、打撃コーチ、バッテリーコーチ、内野守備走塁コーチ、外野守備走塁コーチ、トレーニングコーチなど、部門別にコーチが存在している。ビジネスマンの世界に置き換えるなら、トップの下で部下を束ねる各分野の中間管理職といったところだろうか。

そこでまず、兼任コーチになって決めたのが、コーチとして選手に話した内容は担当部門のコーチにも伝えるということだった。

兼任コーチとして担当する分野が決められていたわけではないので、守備はもちろん、バッティングや走塁の分野でも、若い選手にアドバイスを求められる機会があった。求められれば、気付いた点は伝えるようにした。

ところが、教わる側の選手からしてみれば、各部門の担当コーチがいるわけで、教える人間が2人いるということになる。例えば、ある選手のスイングを見て「ヘッドの位置をこうした方が良い」とアドバイスをしたとする。一方で打撃を担当するコーチが、全く反対の指導をすることもあるだろう。

それでは、選手が困ってしまう。「宮本さんはこう言ったのに、担当コーチは反対のことを言っている。どちらにすればいいのだろう」と頭を悩ます選手もいるだろう。

中にはそれぞれのコーチの機嫌を損ねないようにと、顔色ばかりをうかがって練習する選手も出てくるかもしれない。それでは本末転倒になってしまうし、継続的な指導はできない。

そこで、兼任コーチとして選手にアドバイスを求められたときには、選手に話した内容を担当コーチに伝えるようにした。助言の内容を報告しておけば、担当コーチも「宮本が言ったから、こういった練習を続けているのだな」と納得してくれると考えたからである。

もう一つ、兼任コーチになったときに決めたのは、コーチ会議には参加をしないということだった。

監督とコーチ陣で行うコーチ会議では、チームの方針や作戦が決められる。シーズン中には選手の起用法や、一軍、二軍選手の昇格、降格も話し合われる。そのコーチ会議の場に選手である私がいては、不都合だと考えたからである。

選手がコーチ会議の場にいることで、監督やコーチの判断に影響を与える可能性がある。あるいは私と全く同じ実力の選手のどちらかを二軍に降格させなければならないという状況になれば、自分から「宮本を二軍に落としましょう」と進言しなければならないだろう。

兼任コーチという存在がチームの足かせになることは避けなければならないと考えたのである。

洞察62 変化する勇気を持て

若手を指導する上で、大切なことは何だろうか。

その一つが、目の前の課題に対して根気強く取り組ませることだ。「この方法を続けていけば成功できる」というモチベーションを維持させることである。

前項で、2009年から現役を引退するまで兼任コーチを務めた経緯を書いた。兼任コーチとして若い選手を指導することになって痛感したのは、選手に根気強く取り組ませることの難しさだった。

小川淳司監督が就任した初年の2010年の秋季キャンプから、ある中堅選手を指導することになった。アマチュア球界から鳴り物入りで入団し、球団からは人間性も含めて将来の中心選手になれると期待をかけられていた。

ところが、プロでは期待されたほどの成績を残せずにいた。簡単に言えば、壁にぶつかっていたのである。

彼のことは以前からかわいがっていたこともあって、兼任コーチとしてバッティングを指導することになった。

指導を始めるに当たって、小川監督には「つぶすことになっても良いでしょうか?」と聞きにいった。当時の彼は打撃フォームに技術的に明らかな欠点を抱えていた。その欠点を直すためには、一度打撃フォームを壊す必要があった。その中で、彼本来の良さが消えてしまう可能性もあったからだ。

「もしかしたら、全然打てなくなるかもしれません。でも、あのままでは打てない。私に預けてもらえませんか」

その日からマンツーマンでの指導を始めた。

シーズン中には全体練習の前に二人で室内練習場に向かい、バットを振り続けた。自分の練習の合間にはティー打撃のボールを上げた。

彼自身も何かを変えなければいけないと強く思っていたのだろう。文句を言わず、ひたむきに練習に取り組んでいた。少しずつだが打撃フォームの欠点も改善され、翌年のシーズンの打率は前年に比べて上がり始めた。

ところが、指導する過程で直面したのが、少しでも結果が出なくなると、すぐに元の打撃フォームに戻してしまうという問題だった。

数打席安打が出ない。それが数試合続くといった状況に置かれると、今取り組んでいる方法論が信じ切れない。アマチュア時代に結果を残した以前の打撃フォームの方が良かったのではないかと疑ってしまうのだろう。

私がヤクルトに入団した当時の野村克也監督は「壁にぶつかったときには、変化する勇気を持て」という話を何度もされた。その言葉を借りるなら、変化し切れないのである。

そこで彼には、論理立てて根気強く話し続けることにした。

教える側がいくら強制しても、本人がモチベーションを維持できなければ意味がない。一時的に選手をおだててやらせても、ろくな結果にはつながらないからである。

コーチングという点においては、指導する側もされる側も、即効性を求めてはいけない。一時的に結果が出たとしても、技術として身に付かなければやがて失われてしまうからだ。大切なのはやはり、継続することなのである。

指導する側もされる側も、
即効性を求めてはいけない。
一時的に結果が出たとしても、
技術として身に付かなければ、
やがて失われてしまうからだ。

洞察 63

予想外の飴《あめ》と鞭《むち》？

「飴《あめ》と鞭《むち》」という言葉がある。

若手を指導する場合においては、優しく接する場面と厳しく接する場面を使い分けることの例えとして使われることが多い。年の離れた若い選手とコミュニケーションを取る上では、モチベーションを維持できる環境を作ることも重要な要素である。

現役時代、グラウンド上では若手に厳しく接することが多かったが、一緒に食事に行ったときなどには冗談を言い合ったりすることもあった。時には若い選手と同じ目線に立って話すことも必要だと感じていたからだ。

中でも「飴」と呼べるかは分からないが、ベテランになってからは、若い投手が初勝利したときに腕時計を買ってプレゼントするようにしていた。

始めたのは、古田敦也さんが現役を引退した2007年頃からだった。長くチームのリーダー的役割を務めた古田さんが引退したことで、今度は自分がチーム全体に目を配る必要が出てきていた。

当時のチームは世代交代に差しかかった時期で、投手陣には2006年の高校生ドラフト1位だった村中恭兵、2007年の同1位だった増渕竜義という若い投手が在籍していた。二人は将来、先発ローテーションの軸になることが期待されていた投手だった。

そこで、村中と増渕に「初勝利したら時計を買うてやるから、おまえら頑張れよ」と声をかけたわけだ。

どうして腕時計だったかといえば、先輩たちから「男はいい時計を着けるべき」と教えられてきていたし、プロ野球選手として、時間を大切にしてもらいたいという思いもあったからだった。

村中は3年目の2008年、増渕は1年目の2007年に初勝利を挙げ、約束通りに数十万円する腕時計を購入して手渡すことができた。2008年に高校生ドラフト1位で入団した由規にも、同じ年に初勝利した際に時計を手渡した。

ここら辺までは良かったのだが、全く予想していなかったことが起こった。

いつの間にか、チームの若い選手たちの間で「初勝利すると、宮本さんが腕時計を買ってくれるらしい」という話が広まっていったのである。

村中や増渕、由規には腕時計を渡したのに、他の若い選手が初勝利したときには買わないというわけにもいかない。ポジションも投手だけというわけにもいかないので、野手に渡す機会も増えていった。

若手が初勝利や初本塁打するたびに、腕時計を買って手渡していた。これまで計算したことはないのだが、引退するまでに購入した腕時計の総額はかなりのものになっていたのではないだろうか。

思わぬことになった腕時計だが、うれしい出来事もあった。

２０１２年に通算２０００本安打を打った試合の後、チームメートが記念として「ウブロ」のビッグバン カーボンという腕時計を準備してプレゼントしてくれたのだった。

全く予想していなかったことだったが、今でも大切に使わせてもらっている。

洞察64 鉄は熱いうちに——部下を叱る鉄則

当たり前のことだが、部下や後輩を叱るのは難しい作業である。

ビジネスマンの世界で上司に求められるマネジメント技術の一つが、叱る技術だという。最近は「部下をどう叱っていいのか分からない」「頭ごなしに叱っても部下が理解しているのか自信がない」などと頭を悩ませている管理職も多いと聞く。

プロ野球の世界でも、若い選手が試合や練習でミスをしたときや、プレーがチームに悪影響を及ぼしていると判断した際には、注意をしなければならない場面が出てくる。

では、部下を叱るタイミングは、いつがベストなのだろうか。

私が心掛けていたのが、なるべく指導するべきプレーが出たその瞬間、その場で注意をするということだった。若い選手が試合中にミスをしたときには、ベンチに戻ってきた直後に「今のプレーは違うだろう」「別のアプローチをした方が良かったのではないか」と声をかける。

もちろん、試合中だから指導できる時間は限られている。試合中に改善点を伝え切れなかった場合には、試合が終わってから補足して説明することになるわけだが、指導される側の若い選手にすれば「今のプレーは問題があったのだな」とその場で気付くことができる。試合後に改善点を補足する際にも、試合中に一度注意されているので理解が早い。

一方で、試合が終わってから時間に余裕を持った状況で注意をするという考え方もあるだろう。だが、それではなぜミスをしてしまったのかを、ミスをした瞬間の考えや感情を伴って考えることが難しい。指導される側が「そういえば、そんなこともあったな」と少しでも距離を置いて考えてしまう時点で、指導の効果が薄れてしまう。

現役時代を振り返れば、ヤクルトに入団した時の野村克也監督の指導法が、前者そのものだった。

定位置をつかみかけた頃のことだ。試合の勝敗を左右する大事な場面の打席で凡打した際には、ベンチに戻ってから野村監督の横に直立不動で立たされたことがあった。

打席では何の球種を狙っていたのか。その球種を狙う根拠は何だったのか。あの独特の低い声で問い詰められることになった。

時には味方の攻撃が終わり、守備につかなければいけなくなっても、野村監督の説教は終わらなかった。周りにいたコーチが「監督、そろそろ攻守交代です」と声をかけてくれてようやく解放され、慌てて守備位置まで走ったこともあった。

ただ、そうして一度叱られた内容は、忘れることがなかったのである。

もちろん、時代は変化している。現代の若者には、伸び伸びとプレーできる環境を整える方が向いているという側面がある。若手を萎縮させてしまうから、その場では指導しない方が良いという考え方があるのは理解できる。

ただ、その場で指導した方が本人の「気付き」につながるのは確かだろう。**叱ること自体が目的になってしまってはいけない。わざわざ若手を萎縮させる必要はないが、萎縮した中でも力を出せるようになることが、本当の実力につながることも多い。**

ビジネスマンの世界でも、同じことがいえるのではないだろうか。若手が間違った行為をした場合には、なるべくその場で指導した方が本人の気付きにつながりやすい。

やはり、「鉄は熱いうちに打て」なのである。

叱ること自体が
目的になってしまってはいけない。
わざわざ若手を萎縮させる必要はないが、
萎縮した中でも
力を出せるようになることが、
本当の実力につながることも多い。

洞察 65

優しい父と厳しい母の存在

どんな時であっても、家族の存在というのは大きいものである。

私自身、家族の支えがなければ、19年間も現役を続けることはできなかった。

妻や子供たちにはもちろん、丈夫な体に生んでくれた両親には感謝している。

私が生まれ育った宮本家は優しい父と、厳しい母というバランスが絶妙に取れていた。

子供に対していつも優しかった父だが、現役時代に一度だけ、厳しい内容の手紙が届いたことがあった。

プロ入りして4年目、1998年のシーズン中のことだった。当時はショートのレギュラーをつかんだ頃である。野村克也監督には、毎日のように厳しい指導を受けていた。

自分では精一杯プレーしていたつもりだったが、毎日野村監督から叱られ、次第に選手としての自信を失っていた。

ついに我慢し切れなくなったとき、実家の父親に電話をして愚痴を漏らしてしまった。

「もう、嫌になってきた」

数日後、電話口では黙って聞いていた父親から一通の手紙が届いていた。

「お前は一生懸命やっていると思うが、一生懸命やるというのは誰でも同じだろう。その上を行くのが、本当のプロなんじゃないのか」

仕事に一生懸命取り組むのは、当たり前のこと。それ以上何ができるかを考えて努力するのが、本当のプロとしての姿勢ではないのか――。

幼い頃から厳しいことは滅多に言わない父だっただけに、文面に込められた気持ちが伝わってきた。プロ野球選手として、自分を恥じた瞬間でもあった。

優しかった父親とは対照的に、母親は子供心にも怖い存在だった。口癖は「やるからには一番になれ。泥棒になるんでも、やるからには一番にならんといかん」。

まさに大阪のおかんという感じだった。

母らしいエピソードがある。少年野球では投手をしていたのだが、ある大会の準決勝と決勝の日、朝起きると39度の発熱があった。

病院に連れていかれ、母が医者に「この子は野球の試合があるから、注射を打ってくれ」と訴えたのだが、医師からは「この熱で野球をしたら、死ぬかもしれませんよ」とドクターストップがかかった。

ところが、母は頑として譲らなかった。

「マウンドで死ねたら、この子は本望です。私が責任を取ります」

最後は医師も母の迫力に押され、解熱剤を注射してくれた。

結局、2試合とも完投して優勝することができたのだが、その日の夜は寝込んでしまった。厳しいばかりの母が、そのときばかりは優しく看病してくれたのを覚えている。

優しい父と厳しい母だったが、子供の夢を全力で応援してくれた。シニアを卒団してPL学園高校に進みたいと考えたときには、体が小さかったことから周囲には反対する声もあった。

「宮本がPLなんて10年早いわ」「甲子園に出たら、逆立ちして歩いたるわ」と言われたこともあったという。

そんなとき、両親は「未来の宮本慎也の夢を奪わないでください」と立ち向かってくれたという。

あの両親の下で育っていなければ、今の私はなかった。

洞察66 受け売りで始まる技術習得

上司は部下の専門分野に強くなければならない。

部下から質問を受けた際や、部下が壁にぶつかっているときには「それは、こうした方が良い。なぜなら、こういった理由があるからだ」と部下が納得する理由とともに解決策を示すことができるのが、本来の上司の姿といえるからだ。

プロ野球のコーチの仕事にも同じことがいえるだろう。選手から技術的な改善点を質問されたときや、壁にぶつかっていると感じたときには、選手が納得する理由とともに方法論を示すことができなければならない。コーチという仕事を全うするためには、担当する分野について勉強し、選手からのどんな問いかけにも答えられる知識を身に付けておきたいものだ。

ただ、時には質問の答えに窮する場面も出てくるだろう。野球はどれだけ突き詰めようとしても、全てを分かり切ったとはいえない競技である。

実際、私も現役を引退する間際になって、初めて気付かされることも多かった。

答えに窮する質問を受けた際、危険なのが「こう答えておけばいいのだろう」とその場をごまかすために曖昧な答えをすることである。

あるいは、上司としての体裁を守るために「なんだ、そんなことも分からないのか」と答えること自体を拒否するようになっては、指導者として失格である。

部下は上司が思っている以上に、上司の言動を観察している。その場をごまかすために答えていることや、体裁を守るために答えから逃げていることは、言外に伝わってしまう。そんなことでは、選手との信頼関係を築くことはできない。

それよりは「申し訳ないが、今は分からない。いろんな人に話を聞いて勉強してみるから、少し時間をくれないか」と素直に認める指導者の方が信頼できる。

時には他人からの受け売りによって得た考えが、知識につながることも多いからだ。

ここで言う「受け売り」は、決して悪い意味ではない。「受け売り」という言葉を辞書で引くと、「他人の意見や考えなどを、そのまま自分の意見のように言うこと」と書いてある。「あの上司の話は、本の受け売りばかりだ」「受け売りで中身がない」などと、とかくネガティブなイメージで使われることが多い言葉だが、技術を習得する上では受け売りから始まることも多いように思う。

現役時代にこんな経験をしたことがある。ある年下の選手と打撃の話をしている際に「インサイドのボールは少しでもバットが出ていれば、カットしてファウルすることができる」と言ったことがあった。その選手は驚いて聞いていたのだが、しばらくすると、同じ話を自分の意見として他の選手に話しているのを見て、驚いてしまった。

誤解してほしくないのだが、これは全く悪いことではない。

むしろ、技術を習得する上で素晴らしいことである。

私との会話にヒントを得て技術として身に付け、実感を得ていたのだろう。実際、試合では素晴らしい成績を残していた。

受け売りも平気な顔で話せるようになれれば、一流なのである。

「申し訳ないが、今は分からない。
いろんな人に話を聞いて勉強してみるから、
少し時間をくれないか」
と素直に認める指導者の方が信頼できる。

第7章

組織

勝つ組織の必然性

洞察67 外部の血が組織を変える

ヤクルトが3度、日本一になった1990年代、他球団を自由契約になったり、トレードで移籍してきた選手が次々と活躍して、メディアからは「野村再生工場」と呼ばれた。ヤクルトしか知らない私は、外の世界が知りたかった。ましてや他球団で実績を作った人ばかりで、どういう人物なのだろうという興味もあった。移籍してきた選手には、自分から話を聞きにいったものだった。

1996年に西武を自由契約になって移籍してきたのが、二遊間を組んだ辻発彦さん（現西武監督）だった。初めてあいさつをした時には「辻さんってでかいんだな」と驚いたことを覚えている。

西武時代の1993年に首位打者になった辻さんはバットを短く持ち、寝かせるように構えていた。つなぎ役だった打撃スタイルからも体が小さいイメージを持っていたのだが、実際には身長が182センチメートルもあった。

話を聞くと、社会人野球の日本通運では本塁打を期待される4番打者だったという。それがプロの世界に入ると、目の前には石毛宏典さんや秋山幸二さんたちがいた。

当時の広岡達朗監督による指導の下、「全部を変えないと試合に出られない」と、それまでとは別のプレースタイルを作り上げたのだという。

ヤクルトに移籍した当時は40歳手前のベテランだったが、球場に早く来ては、黙々と練習していた。辻さんの姿にはプロ野球の世界を生き抜く上で「徹する」ことの大切さを教わったと思う。

プロフェッショナルとは何かを教わったのは、1995年に近鉄からトレードでヤクルトに移籍してきた吉井理人さん（現日本ハム投手コーチ）だった。

投手型の性格、野手型の性格というのを前述したが、まさに投手という性格で、周りにどう思われようが気にしなかった。マウンドに上がれば、とにかく勝つために執念を燃やしていた。

だから、試合中に味方のミスで足を引っ張られようものなら、ベンチに帰ってからが大変だった。ボールやグラブを投げ付けて暴れるのは当たり前。ベンチの隅に置いてあった給水タンクをグラウンドにぶちまけて、試合中のグラウンドに氷が転がっていることもあった。

移籍直後、まだ家が決まっていない吉井さんは球団寮に住んでいた。

入団1年目の私はいつも寮までタクシーに同乗させてもらっていた。車中ではいろんな話をさせてもらっていたのだが、決まって言うのは「練習せえへんやつはアカン」ということだった。

私が吉井さんが投げる試合でエラーをしても怒られることがなかったのは、練習している姿をどこかで見てくれていたからかもしれない。

そんな吉井さんだが、一つだけ恐れているものがあった。

それは、雷だった。

登板中に遠くで雷が鳴り始めると、もう投げることができなかった。セットポジションに入っていても、雷の音がすると、プレートを外してしまうのだった。

「野村再生工場」と呼ばれることが多かった当時だが、移籍してきた選手たちは周囲にも良い影響を与えていた。チームとは異なった環境でプレーしてきた選手の考え方や言葉は、刺激になることが多かったからだ。

外部からの血がチームに良い影響を与えることがある。

組織は閉鎖的になると活性化しない。刺激を与えるためには、極端に言うのなら「言うことは言うが、やることはやる」という組織にとっては「毒」のような存在が必要なときがある。

こんなことを書くと、吉井さんに「誰が毒や」と雷を落とされるだろうか。

洞察 68 勝負事に定石はない

2014年のシーズンから、評論家として各球場を回らせてもらうことになった。バックネット裏から野球を見ることになったわけだが、同年で印象深かったのは巨人が見せた強さだった。

2014年の巨人は主力選手が軒並み不調で、思うような個人成績を残すことができなかった。それに加えて、故障者も続出した中でリーグ3連覇を果たした。クライマックスシリーズのファイナルステージでは阪神に敗れることになったが、これまで見せてきたものとは異なる種類の強さを感じたからだ。

巨人には、他球団が「これは勝てない」と感じるような絶対的な強さはなかった。それでも、他球団は勝ち切ることができなかった。

原辰徳監督（当時）は144試合で実に113通りのオーダーを組んだという。それがシーズン終盤の9月に入ると、主軸を固定して動かさなかった。主力選手でも大事な局面ではバントをさせるし、結果を残せなければ、スタメンから外すこともいとわない。**平等の中に競争があったといえる。**

私がヤクルトで野球を学ばせてもらった野村克也監督を一言で表現するのなら、「厳しいようで優しい」監督だった。

選手に緻密な野球を求めた野村監督は、しっかりと考えてプレーしていれば、結果が伴わない場合でも選手を尊重してくれるタイプの上司だった。使われる側としてみれば、普段は厳しいと感じることが多いが、大事な局面では優しさを感じることが多い。厳しいようでいて、優しいのである。

一方の原監督は「優しいようで厳しい」監督と表現できるだろうか。

主力以外の脇役の選手でも、カウント3ボールから打つことを許すなど自由を与えていた。普段は伸び伸びとしたプレーを認めていたわけだ。

ところが、大事な場面で結果を残すことができなければ、次の試合では容赦なく先発メンバーから外していた。優しいようでいて、厳しいのである。

両監督とも選手の首根っこをつかまえることに長けているという部分では同じなのだが、その手法は全く異なっていた。

原監督には打撃ケージの裏で話を聞く機会があった。

2014年にフリーエージェントで広島から加入したピッチャーの大竹寛は、打順が3回り目となる六回に相手打線につかまり、失点する傾向が強かった。選手として壁にぶつかっていたのである。

「監督さんとして、どう考えるのですか？」と聞くと「基本的には、選手にその壁を越えさせてあげたいと考える」という答えが返ってきた。

選手としての階段を上らせるため、課題を乗り越える機会を与える。

例えばシーズン序盤であれば、ある程度打ち込まれたとしても、我慢して続投させる。結果として、時には試合に負けることもある。それでも、シーズンは長い。選手が壁を乗り越えることができれば、チームの力になることを分かっているからできるのだ。

続けて、こうも話していた。

「でも、駄目だったときは、時期を見て考える」

シーズン終盤や、チームにとって大事な局面で危険な兆候が見られれば、早い回で交代を告げる。チーム全体の士気にかかわる状況ならば、個人への情は捨てて切り捨てることさえある。

この話を聞いたとき、原監督は常に「線引き」を意識しているのだと感じた。

勝負事にこれをやっていれば大丈夫という定石はない。そのときの最善の選択肢は何なのか。組織が置かれた状況や時期によっても、答えは変わってくるだろう。

その時点でのベストを選択することができるか。

優れた指導者に共通するのは、最善の選択肢を選び続けられるバランス感覚ともいえる。

勝負事に
これをやっていれば大丈夫という定石はない。
そのときの最善の選択肢は何なのか。
組織が置かれた状況や時期によっても、
答えは変わってくるだろう。

洞察69　日本代表という組織に必要な視点

２０２０年東京五輪で金メダルを狙う野球日本代表に、稲葉篤紀監督の就任が決まった。稲葉とはヤクルトに同期入団した間柄で、２００８年の北京五輪でもチームメートだった。

心情からいえば、２０１７年のワールド・ベースボール・クラシック（ＷＢＣ）でコーチを務めた経験を最大限に生かして戦ってほしいと思っている。

ただ、誤解を恐れずに書くのなら、日本代表の監督はプロ野球の監督経験者が相応しいというのが私の持論である。

実際にオブザーバーである識者メンバーを務めた侍ジャパン強化委員会でも、意見を求められた際には同じ趣旨の発言をした。

日本代表という組織は、監督が思うようには動きづらい場所だ。野球の日本代表は12球団の主力選手で構成され、制約も多い。

例えば、２０１５年のラグビーワールドカップで優勝候補の南アフリカに勝利した日本代表を率いたエディー・ジョーンズヘッドコーチのように、所属チームでのパフォーマンスを度外視して強化練習に時間を費やすというのは考えにくい。12球団との交渉や調整という部分でも、監督の力量が求められる場面がある。

ましてや、自国開催となる東京五輪では金メダル獲得の期待が高まり、想像以上の重圧にさらされることになる。チームマネジメントの難しさは容易に想像できる。

もちろん、稲葉監督に反対というわけではないが、監督としての経験、実績という部分を考えれば、日本代表の監督は監督経験者が務めるのが相応しいと考えていた。

その上で日本代表という組織に必要なものとは何だろうか。

私は稲葉監督を支える意味でゼネラルマネジャー（GM）制を敷いた方が良いと考えている。

2017年のWBCで指揮を執った小久保裕紀監督は、自ら米国に足を運んで大リーガーへの出場交渉を行っていた。本来は代表監督に負わせるべき分野の仕事ではない。こうした経緯を踏まえると、代表監督を支える立場の経験豊富な人間が必要になるだろう。

GM制とはいっても、プロ野球でのGM職とは求められる仕事は異なる。編成面で一からチームを作っていくというよりは、監督が動けない部分を補佐する意味合いが強い。大リーガーへの出場交渉やトレーナー、スコアラーといった環境整備の面で監督を支える役割が求められる。

その意味では日本プロ野球（NPB）が主導して人選するよりも、監督自身が選んだ方が良いだろう。監督と気心の知れた人物でなければ、円滑に進めることができないからだ。監督がGMと相談しながらチーム作りを進める。監督が現場に集中できる環境を作り上げる。

「勝つ組織」を作るためには、稲葉監督をサポートする体制作りが必要になる。

コーチ陣に関しても、できるだけ稲葉監督と気心の知れたメンバーをそろえたい。結果が伴わない場合には「友達内閣」などとメディアから批判されることが多いコーチ人事だが、こうした指摘は結果論で的を射ていない。

そもそも、首脳陣同士の意思疎通ができていなければ組織が機能するはずがないからだ。長いシーズンを戦う所属チームとは異なり、日本代表のような短期決戦では特にその傾向が強まる。

一つ付け加えるとしたら、三塁コーチャーは現役のコーチから選んでほしい。三塁コーチャーは経験がものを言うポジションだ。現場から離れていると感覚にズレが生じ、一瞬の判断を誤る可能性があるからだ。

稲葉監督は大きな覚悟を持って就任の要請を受諾したはずだ。

東京五輪の結果が野球界に及ぼす影響は計り知れない。東京五輪以降に正式種目として採用されるためにも、野球界全体で「勝つ組織」を作り上げてもらいたい。

洞察 70 キャプテンは必要ない

書店を見渡せば、リーダー論について書かれた本が並んでいる。それだけ組織におけるリーダーというテーマが関心を集めているということなのだろう。プロ野球の世界でも、チームリーダーとしてキャプテンを指名するチームが増えている。

地位は人を作るという言葉があるが、チームの中心選手としての自覚を促すため、首脳陣が20代前半の選手をキャプテンに据える場合さえある。

批判を恐れずに書けば、私はプロ野球のチームにはキャプテン制度は必要ないと考えている。

いつの頃からだろうか、キャプテンという役職がもてはやされるようになった。2004年のアテネ五輪、2008年の北京五輪で日本代表のキャプテンを務めた私が、メディアから注目されたという側面もあるのかもしれない。

もちろん、日本代表のような即席のチームをまとめるためには、リーダーシップを取れる選手の存在が必要になるだろう。短期決戦を戦う上で、首脳陣の考えを円滑に伝えるキャプテンを置くのは選択肢といえる。

しかし、1年間という長いシーズンを戦うチームでは、必ずしもキャプテン制度は必要ないと感じている。

プロ野球選手は個人事業主である。選手全員が個人と家族の生活を懸けて戦っている。良い成績を残せば翌年の年俸が上がるし、成績を残せなければ戦力外通告を受け、仕事を失うことさえある。

ところが、チームリーダーとしてのキャプテンは、個人よりもチームを最優先に考えなければいけない立場にある。

もしも、自分のポジションを奪われてしまったときに、ポジションを奪った選手を心から応援できるのかという矛盾を抱えることになる。

ヤクルトに在籍した当時の田中浩康（現ＤｅＮＡ）がそうだった。

キャプテンを務めていた時期があったのだが、若手の山田哲人が台頭したことによって二塁の定位置を奪われる形になった。

そこで先ほどの問題が出てくる。

定位置を奪われた相手を応援できないのであれば、本当のキャプテンとはいえない。一方で定位置を奪われた相手を応援できないのは、個人事業主として当然の考え方だともいえる。

それならば、キャプテン制度自体が必要ないのではないだろうか。

もちろん、団体競技におけるチームワークは重要な要素である。

組織の士気を高める上でときにはキャプテンが必要な場面もあるだろう。

ただ、それは圧倒的な力を持っている存在や、何があってもレギュラーを外されない選手に限るのではないだろうか。

「この選手を育てるために」「主力としての自覚を持たせるために」という理由でキャプテンを指名する風潮には首をかしげてしまう。

12球団を見渡してみると、キャプテンを務める人間がひげを生やしたり、金髪にする姿も目立つようになってきた。

考え方が古い、時代遅れだと言われればそれまでである。

だが、組織の模範となるべきリーダーとして相応しいとは言えない。

残念に感じるのは私だけだろうか。

私はプロ野球のチームには
キャプテン制度は必要ないと考えている。

おわりに

「経済誌で連載を持ってみませんか?」

現役を引退した翌年の2014年、事務所の社長から打診されたときには驚いてしまった。

聞けば、「週刊ダイヤモンド」から連載の依頼があったのだという。

はじめにでも触れたが、私は野球一筋の人間だ。経済の第一線で働いている読者に向けて、何が書けるというのだろうか。中には野球に興味がない方もいるだろう。

最初は断ろうかとも思ったが、ふと野球選手が経済誌で連載を持つのも面白いと考えるようになった。

結局は興味の方が勝り、依頼を受けることにした。

毎回の文字数は1200字である。当初は戸惑いもあったが、自由に筆を進めることにした。

次第にビジネスマンの方から「毎回読んでいます」「前回は少年野球の話を書いていましたね」などと声をかけてもらうことが多くなっていった。

こうして1年の予定だった連載は2年半続き、130回近くを数えることになった。
本書はこの「週刊ダイヤモンド」での連載の内容を元に、大幅に加筆したものである。
プロフェッショナルの仕事とは何か、結果を出す指導者の言動とは何か。
とりわけ意識していなかったのだが、書き進めるうちに野球界の話が一般社会に重なる部分も多いと感じるようになっていった。

グラウンドに目を向ければ、今のプロ野球には深みが失われてしまっているように感じる。球速の速いボールを投げる、打球を遠くに飛ばすという部分では、トレーニング方法の改善などもあって昔よりも優れているかもしれない。どちらも野球の原点であり、競技の醍醐味は増しているともいえるだろう。

一方で、長い歴史の中で築き上げてきた「プロ野球らしさ」は薄れてしまっているように感じる。プロ野球は「やるか、やられるか」の世界である。1球に選手の家族全員の生活を懸けて戦っている。選手のアスリート化が進み、そういった勝負師としての側面が薄れているのは残念でならない。

野球は他のスポーツに比べ、弱者が強者に勝つ確率が高い競技と言える。

だからこそ準備を重ね、思考を重ねて、知恵を絞り出そうとする。

やり方次第では、弱者が強者を倒すことができる。

一般社会の方々がプロ野球に自分の人生を重ねることができるのも、そうした物語に惹かれるからだろう。

時代の変化を受け入れなければならないことは理解しているつもりだが、「プロ野球らしさ」の魅力を伝えていくことも野球への恩返しだと思っている。

[著者]
宮本慎也（みやもと・しんや）

1970年、大阪府生まれ。ＰＬ学園高校、同志社大学、プリンスホテルを経て95年にヤクルトスワローズ入団。2004年アテネ五輪、08年北京五輪の２度の五輪で野球日本代表のキャプテン、プロ野球選手会会長を務める。ＷＢＣ優勝チームのメンバー。2012年2000本安打と400犠打を達成（通算2133安打、408犠打）。ゴールデングラブ賞10回受賞の守備の達人でもある。13年に引退後はNHKの解説者、日刊スポーツ野球評論家、少年野球大会主催、雑誌連載、講演会活動など多方面で活躍。著書に『歩』、『意識力』、『師弟』（野村克也氏との共著）。

※本書における各選手の評価、成績や所属は2017年10月時点のものです。

洞察力
――弱者が強者に勝つ70の極意

2017年10月25日　第１刷発行
2017年12月22日　第４刷発行

著　者――宮本慎也
発行所――ダイヤモンド社
〒150-8409　東京都渋谷区神宮前6-12-17
http://www.diamond.co.jp/
電話／03･5778･7232（編集）　03･5778･7240（販売）

装丁――――華本達哉
写真――――加藤昌人
本文デザイン―大谷昌稔
DTP･製作進行―ダイヤモンド・グラフィック社
印刷――――信毎書籍印刷（本文）・共栄メディア（カバー）
製本――――加藤製本
編集担当――鈴木 豪

ISBN 978-4-478-10330-2